岩 波 文 庫

38-601-1

後期資本主義における正統化の問題

ハーバーマス著

山田正行
金　　慧　訳

岩 波 書 店

LEGITIMATIONSPROBLEME IM SPÄTKAPITALISMUS

by Jürgen Habermas

First published 1973 by Suhrkamp Verlag, Frankfurt am Main.
This Japanese edition published 2018
by Iwanami Shoten, Publishers, Tokyo
by arrangement with Suhrkamp Verlag, Berlin
through The Sakai Agency, Inc., Tokyo.

凡　例

一、本書は Jürgen Habermas, *Legitimationsprobleme im Spätkapitalismus*, Suhrkamp Verlag, 1973 の全訳である。

一、著者ハーバーマスによる原注は、原書では通し番号になっているが、編集の都合上、章ごとに番号をつけ、(1)のように表記し、巻末に記した。

一、訳注は章ごとに番号を〔1〕のようにつけ巻末に示すか、もしくは本文中に割注〔　〕として活字のポイントを落として示した。

一、本文および原注における(　)は、著者ハーバーマスが用いているものである。

一、引用文中における[　]は、著者ハーバーマスによる補足である。

一、本文および原注における〔　〕は、訳者による補足をあらわす。

一、本文における《　》は、文意を明確にするため訳者が適宜使用した。

一、本文および原注における誤記、誤植と考えられる箇所は訂正して訳出したが、いちいち明示していない。

一、原文におけるイタリック体は、著者による強調の場合は訳文では原則として傍点で示すが、強調ではない場合は傍点を付さない。また、小見出しがイタリック体の場合は、訳文ではゴチック体で示す。

一、著者ハーバーマスによる他の文献からの引用は、既訳のあるものは書誌についての情報を掲げるようにつとめたが、かならずしも網羅的であることをめざしていない。また、引用の訳文については、程度の差はあれ本訳書の訳者によって変更させていただいたことをお断りし、訳者の方々には御礼申し上げるとともに御寛恕を乞う。

一、原文のパラグラフが長大であるため、読みやすさを考慮して適宜改行した箇所については、訳注でその旨を明記する。

一、訳注における「ドイツ」は、とくに断らないかぎり西ドイツ(ドイツ連邦共和国)をさす。

まえがき

マルクスの危機の理論は、当時とは異なる「後期資本主義」という現実に適用されるといろいろな問題点が生じてくる。そこから、古い定理をとらえなおしたり、それにかわる新しい危機の定理を展開するという興味深い試みが生まれた。われわれの「マックス・プランク」研究所では、経験的なプロジェクトの準備段階でこうしたアプローチも試してみた。この論文の第二章における議論のスケッチは、そうしたプロジェクトをめぐる討論からわたしが学んだことを要約したものである。そのさい、慣行にそむいて研究所の内部文書の参照を指示しているのは、わたしがそのなかにいる論争の文脈を見てとれるようにし、とりわけ、これまでのところけっして合意に達していないそうした議論の未完結性を示すためである。くわえていうなら、きわめて一般的な性格をもつ仮説構造の解明を経験的な成果と混同されたくないからである。

第一章のプログラム的な性格から明らかなように、社会進化の理論は社会理論の基礎でなければならないにもかかわらず、こんにちでもまだあまり十分には発展していない。他方で、第三章の両立困難な結論を導くような性格によって、現代の社会構成体の理論の内容上の問題と、コミュニケーション的行為の理論の枠組みのなかで解明することのできる——近いうちに示したいと思っている——基礎にかかわる問題とのあいだの緊密な関連性が明らかになる[1]。

一九七三年二月　シュタルンベルク

J・H

目　次

第一章　社会科学的な危機の概念

第一節　システムと生活世界

「後期資本主義」〔1〕という表現を使っているひとは、社会の発展は、〔自由主義的な自由放任政策にとってかわった〕国家によって規制された資本主義においてもやはり、「矛盾に満ちた」、あるいは危機に瀕した状態で進行している、という仮説をたてているわけである(1)。そこでまず、危機という概念をはっきりさせておきたい。

危機の概念は、学問的な議論に入る以前に医療での用語法でおなじみである。そのさい、われわれが思い浮かべるのは、病気の進行過程において、生体・有機体の自然治癒力が快復するのに十分あるかどうかが決まる局面である。病気という危機的な経過は、なにか客体的・客観的なものであるように見える。たとえば、感染症は生体への外部からの作用によってひき起こされ、その生体がそうであるべき状態、すなわち健康という正常な状態から逸脱しているかどうかを観察することができ、経験的な数値を用いてそれを測定することができる。そこでは患者の意識はいかなる役割も果たしていないことになる。患者がどのように感じているのか、病気をどのように体験しているのかは、せいぜいのところ、患者自身はほとんど影響をおよぼすことができないことをうかがわせる出来事の徴候にすぎない。そうはいっても、医療の現場で生きるか死ぬかという段におよんで、それがたんに外部から観察される客体的・客観的な経過の問題でしかなく、患者の主体性・主観性はこの経過にまったく巻き込まれていないとしたら、われわれはそのようなものを危機とはいわないだろう。危機を、そこに巻き込まれている人間の内面的な観点から切り離すことはできないのだ。患者が病気の客体性にたいして無力感を覚えるのは、ただ、みずからの力を完全に掌握した主体である可能性を一時的に奪われ、受動的であるように強いられた主体になっているからにほかならない。

われわれは危機に、通常であれば主体に当然あるはずの主権の一部を剝奪する客体的な暴威のイメージを結びつけているわけだ。とすれば、ある経過を危機ととらえることによって、暗黙のうちにその経過に規範的な意味をあたえていることになる。危機を解決することによって危機に巻き込まれている主体を解放する、というのがそれである。

このことは、医療における危機の概念から演劇の危機の概念に目を転じるといっそうはっきりする。アリストテレスからヘーゲルにいたる古典美学においては、危機は事のなりゆきの運命的な転換点を意味する。危機は、たとえ客体的ではあっても、外部から降りかかってくるというだけのものではないし、それにおちいった人間のアイデンティティにとって縁遠いものでありつづけるのでもない。芝居の筋書きでは葛藤が尖鋭化して破局を迎えるというかたちで矛盾が表現されるのだが、この矛盾は、筋書き全体の構造と主人公たち自身の役柄の設定のなかにあらかじめ埋め込まれているのである。もし登場人物が新たなアイデンティティを形成することによって運命の神話的な暴威を打ち砕き、みずからの自由を取りもどすだけの力を発揮することができなければ、運命は成就されてしまい、規範の衝突があらわになるなかで、彼らのアイデンティティは砕け散ってしまう。こうした古典悲劇から得られる危機の概念に対応する格好になるのが救済史に見られる危機の概念である。[2] この思考パターンは、一八世紀の歴史哲学をへて一九世紀の進化論的な社会理論のなかに入り込んでいる。[3] かくてマルクスが社会科学的な体制《システム》危機の概念をはじめて展開するわけである。[4] われわれがこんにち、社会的な危機とか経済的な危機などといっているのはこうした背景にもとづいているのである。たとえば、

〔一九〕三〇年代初頭の大恐慌について語るのであれば、そこでマルクスの主張を思い出させるものを聞き取らずにいることはできない。わたしは、マルクスの危機〔恐慌〕論の学説史を解明するために新たな要素をつけくわえるのではなく[5]、社会科学で利用できる危機の概念を体系的な視点から導入したいと思う。

こんにちの社会科学で取り上げるにあたいするのは、システム理論によって把握された危機の概念である[6]。それによると、危機は、社会システムの構造に、そのシステムの存続維持のために必要とされるよりも乏しい問題解決の可能性しか残されていない場合に生ずる。この意味では、危機とは〔システムの構成要素間の関係に着目する〕システム統合にたいする持続的な障害である。このとらえかたの社会科学的な有効性に対抗して、それは制御能力にたいする「システムによる」過剰な要求（あるいは制御問題の「構造的」な解決不可能性）の内的な原因を考慮に入れていない、と反論することができる。社会のシステム危機も、〔システムの外部である〕環境の偶然的な変化によって生じるのではなく、互いに一致しえないのに序列化することもできない、構造的な素因に由来するシステムの諸々の要請によって生じるのである。ただし、構造的な素因に由来する矛盾をこれだと特定することができるのは、システムの存続にとって重要な構造を挙示することができる場合だけである。そのような構造を、システムそのものの同一性《アイデンティティ》を喪失させることなく変化しているシステム要素から区別できなければならない。システム理論による社会的な危機の概念にたいして根本的な疑念が生ずるのは、システム理論の用語では社会システムの境界や存続を一義的に規定するのがむずかしいからである。(7)

生体・有機体は空間的にも時間的にも明確な境界をもっている。有機体の存続は、経験的に挙示できる許容範囲内でのみ変動する目標値によって特徴づけられる。これにたいして社会システムは、システムの要素もしくは目標値を、あるいはそれら両方を変化させ、新たな制御水準において自己を維持することによって、過剰に複雑な環境のなかで自己を維持することができる。しかし、システムがみずからの境界と存続のいずれをも変化させることによって自己の維持をはかると、システムの同一性は不明瞭になる。まったく同じシステム変化を、システムの学習過程や変動ととらえることもできれば、解体過程や崩壊ととらえることもできてしまう。つまり、新しいシステムが形成されたのか、それとも旧来のシステムがたんに再生しただけなのか、そのどちらであるのかを一義的に識別することはできないのである。なるほど社会システムのあらゆる構造変動がそれだけで危機であるというわけではない。しかし、社会システムの目標値が変動したとしても、存続を危機におちいらせず、その同一性の喪失をもたらさないような許容範囲は、システム理論の客観主義的な立場からは把握することができないのは明らかである。〔システム理論では〕システムは主体とは考えられていない。だが、まだ学問的な議論に入る前の段階での用語法が教えてくれるように、危機に巻き込まれうるのは主体・主観だけなのである。社会の成員が構造変動を存続の危機として経験し、みずからの社会的なアイデンティティが脅かされていると感じる場合にだけ、われわれは危機を云々することができる。システム統合の障害がシステムの存続を脅かすのは、〔主体＝行為者間の関係に着目する〕社会統合が危険にさらされている場合、すなわち、社会が無規範的《アノミー》になるほどまでに規範的構造の合意の基礎がそこなわれている場合である。危機という状態は、社会制度の解体という形態をとるのである(8)。

社会システムもそれぞれの同一性《アイデンティティ》をもつのであり、それを失うこともある。実際、歴史家は、国家の革命的変動や帝国の没落をたんなる構造変動から難なく区別することができる。そのさい、歴史家が依拠するのは、システムの成員が互いに同じ集団の一員であることを確認し、この集団のアイデンティティをつうじて自我のアイデンティティを主張するさいの解釈である。歴史記述において、社会システムの崩壊の指標とみなされているのは、アイデンティティを保証する解釈体系が社会統合の力を喪失することによって生ずる伝統の断絶である。この観点から見ると、社会がアイデンティティを喪失するのは、社会のなかの後続世代がかつては不可欠な役割を担っていた伝承のなかにもはや自己を見出すことができなくなるときである。もちろん、〔自己の再認という〕こうした観念論的な危機の概念にも不都合な点はある。伝統の断絶は少なくとも不精確な基準である。というのも、伝承のメディアや歴史的連続性の意識形態そのものも歴史的に変化するからである。そのうえ、同時代人の危機意識はしばしば後になってまちがいであったことが明らかになるからである。社会は、その成員が危機だというときにのみ、またそういうときにはいつでも危機におちいっているというわけではないのだ。社会の危機が意識現象だけに結びつけられているのだとすれば、われわれはいったい何を手がかりとして、危機のイデオロギーと十分な根拠のある危機の経験とを区別することができるのだろうか。

危機の経過に客観性があるのは、それが未解決の制御問題から生じるという事情によっている。アイデンティティの危機は〔システムの〕制御問題に関連しているのである。そのさい、たいていの場合、制御問題は行為する主体の意識にはのぼってこない。けれども、制御問題は別の問題をうみだし、それが独特なしかたで主体の意識に影響をおよぼす――社会統合が脅かされるという問題がまさにそれである。しかしながら問題は、こうした条件を満たす制御問題がいつ生じるのか、という点にある。したがって、社会科学にとって適切な危機の概念というのであれば、システム統合と社会統合との関連性を把握しなければならない。「社会統合」と「システム統合」という二つのことばは異なる理論的伝統に由来する。われわれが社会統合というさいに思い浮かべているのは、発話し行為する主体がそのなかで社会化される制度体系である。ここでは、社会システムは、シンボルによって構造化された生活世界の相であらわれる[9]。システム統合といわれるさいに思い浮かべているのは、自己調整的なシステムに特有の制御の遂行である。ここでは、社会システムは、不安定な環境の複雑性の処理をつうじてみずからの境界と存続を維持する能力という相であらわれる。生活世界とシステムというこれら二つのパラダイムには十分に根拠があるとしても、問題はこれらの結びつきである[10]。生活世界という相で見た場合、われわれが社会にかんして主題にするのは規範的構造(価値と制度)である。われわれは出来事や状態を分析するにあたって、それらが社会統合の機能(パーソンズの用語では統合とパターン維持)に依存していることに着目してそれをおこない、その一方でシステムの非規範的な構成要素は制限条件とみなす。システムという相で見た場合、われわれが社会にかんして主題にするのは制御のメカニズムと偶発性の余地の拡大である。われわれは出来事や状態を分析するにあたり、それらがシステム統合の機能（パーソンズの用語では適応と目標達成）に依存していることに着目してそれをおこない、他方で目標値は与件とみなす。社会システムを生活世界として把握する場合には制御の相が覆い隠され、社会をシステムとして理解する場合には、妥当の相、すなわち、社会的現実というものは、事実に抗するものであることが多い妥当の請求（発言の内容が妥当であるという行為者の主張）が承認されて事実となっているのだという事態は考慮されないままである。

システム理論の概念戦略は、たしかに規範的構造をもその用語のなかに取り込んではいる。しかし、それはいかなる社会システムでも、制御の中枢の側からそれをとらえている。したがって、分化した社会のなかでは、政治システムは（分化独立した制御の中枢として）、社会文化システム(11)と経済システムにたいして上位の位置を占めている。つぎの図はある資料(12)から採ってきたものである。

社会進化は、生産力の発展、システム自律性（権力）の増大、規範的構造の変化という三つの次元で起こるが、システム理論の分析枠組みにおいては、それは環境の複雑性の

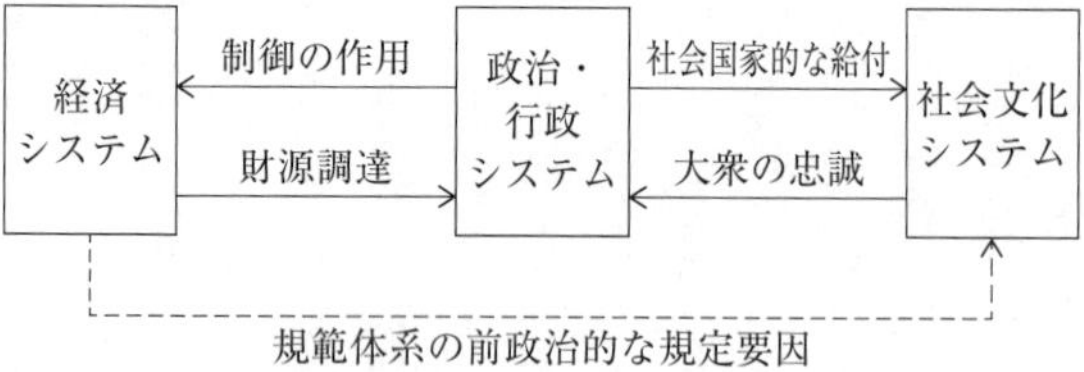

縮減をつうじた権力の増大という唯一の次元に写し出される。この投影は、ルーマンによってなされた社会学の基本概念の修正に即して示すことができる。わたしは別の論考で、(13)真理や正当性もしくは適切性のような、生活の文化的再生産にとって不可欠な意味をもつ妥当請求は、それが制御のメディア〔媒体〕として把握され、権力や貨幣、信頼、影響力などの他のメディアと同じレベルに置かれると、討議《ディスクルス》によって認証することができるという意味を失うという点の証明を試みた。システム理論がその対象領域として認めることができるのは、経験的な出来事や状態だけであり、妥当の問題を行動の問題に変換せざるをえない。そのためルーマンはつねに、認識や討議、行為や規範、支配やイデオロギー的正当化といった諸概念の練りなおしを、有機体システムの営みと社会システムの営みとの分化がそこではじめて可能となる分岐点よりも前の段階でおこなうのである(このことはさらに、分化のための基本概念として意味と否定を導入するというルーマンの試み

サブシステム	規範的構造	基盤カテゴリー
社会文化的	地位体系 下位文化(サブカルチャー)的な生活形式	私的に処分可能な補償や処分権の分配
政治的	政治制度(国家)	正統な権力(と構造的な暴力)の分配 処分可能な組織合理性
経済的	経済制度(生産関係)	経済権力(と構造的な暴力)の分配 処分可能な生産力

にもあてはまると思われる)。包括的な概念戦略がもつ利点は、制御の相が自立化し、社会科学の対象領域が選択のためのポテンシャルへと狭められると、とたんに概念帝国主義的な欠点と化してしまう。

行為理論の概念戦略はこうした(システム理論に特有の)欠点は回避するものの、そのかわりに規範的構造と物質的な制約条件という二分法をうみだす[14]。たしかに、分析のレベルにおいては、サブシステム間に、社会文化システム、政治システム、経済システムという序列が存在するが、しかしそれぞれのシステムの内部においては、規範的構造はそれを制約する基盤から切り離されなければならない。

このように概念を定式化するとなると、規範的構造についての分析を、制御にかんする制限と能力の分析によって補完しなくてはならない。とはいえ、「補完」

では、危機の分析にたいする要求としては弱すぎる。というのも、危機の分析は、規範的構造と制御問題との連関がはっきりする分析的なレベルを必要とするからである。わたしはこのレベルを、歴史に定位する社会システムの分析に見出す。この分析によって、所与のシステムの目標値が変動してもシステムを危機におちいらせることのない許容範囲をそのつど確定することができるのである。こうした変化が生じる範囲の境界が歴史的な連続性の境界として明らかになる[15]。規範的構造の弾力性、すなわち、伝統の断絶をもたらさずに変化しうる余地は、もちろん、規範的構造そのものの一貫性の要求のみに依存するのではないし、他のすべてをさしおいてもまずそうした要求に依存するというものでもない。すなわち、社会システムの目標値は、なるほど不可欠な役割を担っている伝承がもつ文化的価値の所産であるが、しかしシステム統合の非規範的な要求の所産でもある。ということはつまり、目標値において、社会生活の文化的定義とシステム理論の立場から追構成可能な生存の要請が結合するわけである。だが、この結合を分析するための説得力のある概念的な道具や方法がこれまで見あたらなかったのである。

構造変動の起こりうる余地は、社会進化の理論の枠内にのみ導入することができるのは明らかである[16]。その点で、マルクスの社会構成体という概念は有益である。社会の構成体はそのつど基本的な組織原理によって規定され、この組織原理は社会の状態の変化のさまざまな可能性からなる抽象的な空間を画定する。組織原理という概念によってわたしが理解しているのは、めったに起こらない進化上の急激な状態の変化において創発的な性質として生じ、そのつど新たな展開水準を示す、きわめて抽象的な規則である。組織原理は、社会がその同一性(アイデンティティ)を失うことなく学習する能力の限界を定める。この定義にしたがえば、制御問題が危機をもたらすのは、社会の組織原理によって限定された可能性の余地の内部で制御問題を解決することができない場合(そしてその場合のみ)である。このような特徴をもつ組織原理は、第一に、生産力の発展がそれに依存する学習メカニズムを限界づける。第二に、アイデンティティを保証する解釈体系が変容することのできる変動の余地を規定する。そして最後に〔第三に〕、制御能力が増大しうる範囲に制度的な限界を設ける。こうした組織原理の概念をいくつかの例を用いて解説するに先立って、社会システムの構成要素を示しながら概念の選択を正当化しておきたい。

第二節　社会システムのいくつかの構成要素

はじめに社会システムの三つの一般的な性質を述べておこう。

(1)社会システムとその環境との交換は、生産(外的自然の取得)と社会化(内的自然の取得)において生じ、そのメディアは、真理か虚偽かを決定しうる発言および正当化を必要とする規範、すなわち、討議における妥当請求である。発展は、いずれの次元においても合理的に追構成可能なモデルにしたがう。

(2)社会システムは、生産力の水準とシステム自律性の程度に応じてその目標値を変化させるが、目標値の変化の幅は、システム統合の要請の影響を受けない世界像の発展の論理によって制約される。社会化された個人は、制御の観点から見るとパラドックスをふくんだ内的環境を形成する。

(3)社会の発展水準は、制度によって許容される学習能力に応じて、くわしくいえば、理論的・技術的問題と実践的問題が別種のものとして分化されているか否か、そして討議による学習過程が生じうるか否か、に応じて規定される。

(1)について　社会システムの環境は三つの部分に分けることができる。第一に外的自然、いいかえれば非人間的環境という物質的資源。第二にその社会が接触する他の社会システム。第三に内的自然、いいかえれば社会の成員の有機的な基盤。社会システムは、その社会的環境にたいしてシンボルによって境界を区切っている。普遍主義的な道徳が成立していないあいだは、道徳は内的道徳と外的道徳の分化というかたちで生じるだろう。ただし、ここではそのような込み入った事柄には立ち入らない。社会文化的生活が再生産される特有の形式にとって、外的自然および内的自然との交換過程が決定的に重要である。そのさい問題になるのは、社会システムが自然を「摂取して血肉とする」社会化の過程である。外的自然は生産過程において取得され、内的自然は社会化過程において取得される。制御能力が増大するにつれて、社会システムはその境界を内外の自然へ押し広げてゆく。すなわち、システムの「権力」によって外的自然にたいするコントロールと内的自然の統合が増大する。生産過程は自然資源を汲み上げ、解放されたエネルギーを使用価値に転換する。社会化の過程によって、システムの成員は、発話し行為する能力のある主体に育成される。このような教育過程のなかに胎児は生まれ落ち、個人は死にいたるまでそこから逃れられない（これは非社会化という病理的で極端なケースは視野に入れない場合である）。

〔一方で〕社会システムは生産力を用いて外的自然を社会化する。それは、労働力を組織化し質を高め、テクノロジーと戦略を発展させる。そのためには、技術的に利用できる知識が必要である。こうした文脈において通常用いられる認知作用と情報という概念によって動物の知能の作用とのあいだに連続性があるのではないかと思うとすれば、それはもちろん性急にすぎる。社会システムに特有の作用とは、それが外的自然にたいするコントロールを拡大するにあたって真理か虚偽かを決定できる発言をメディアとする点にある、とわたしは見ている。労働あるいは道具的行為は技術的な規則にしたがう。技術的な規則は、真理請求を、すなわち、討議によって認証することができ原理的に批判することができる妥当請求をふくんだ経験的な仮定をあらわしている。〔他方で〕社会システムは規範的構造を用いて内的自然を社会化する。この構造のなかで、欲求が解釈され、行為が許可されたり義務づけられたりする。そうした場合に用いられる動機づけ《モチベーション》という概念によって、社会システムは内的自然の統合をおこなうにあたって正当化を必要とする規範をメディアとするという特有の事態が覆い隠されてはならない。その規範は、それはそれで討議によってのみ認証することのできる妥当請求をふくんでいる。こうしてみると、われわれが経験的な主張とともに掲げる真理請求に対応するかたちで、行為規範ないしは評価規範とともに提起される正当性請求もしくは適切性請求があるわけである。

社会システムは、外的自然にたいしては（技術的な規則にしたがう）道具的行為をつうじて、内的自然にたいしては（妥当する規範にしたがう）コミュニケーション的行為をつうじて自己を維持することができる。なぜなら、社会文化的な発展段階においては、動物的な行動は妥当請求の要請のもとで組織しなおされるからである。[17] この再組織化は、言語的にうみだされた間主観性の構造のなかでおこなわれる。言語的なコミュニケーションの構造は二重になっている。すなわち、命題内容についてのコミュニケーションは、同時に人格相互の関係についてのメタ・コミュニケーションをともなう場合にのみ可能なのである。[18] 認知作用と行為の動機が言語的な間主観性と交叉するという人間の特性があらわれているのはこの点である。言語は一種の変換器として機能するわけである。感覚や欲求や感情のような心的過程が言語的な間主観性の構造に挿入されることによって、内的なエピソードや体験は志向的な内容に、すなわち、認知は言明に、欲求や感情は規範的予期（指令ないしは価値）に変換される。この変換によって、一方における思念、意欲、快・不快といった主観性と、他方における普遍性の請求をともなってあらわれる発言や規範とのあいだにさまざまな重要な区別が生じる。普遍性は、認識の客観性と妥当する規範の正統性とを意味する。これら二つが社会的な生活世界に不可欠な共通性を保証する。言語的な間主観性の構造は、生活態度やコミュニケーション的行為にとってと同様に、経験や道具的行為にとっても不可欠である。この同じ構造が、システムのレベルにおいては外的自然にたいするコントロールと内的自然の統合を制御する、いいかえると、社会化された個人の能力によって、真理か虚偽かを決定できる発言と正当化を必要とする規範という特有のメディアをつうじて進行する社会化の過程を制御するのである。

システム自律性(権力)の拡大は、それとは異なる二つの次元の発展に依存している。生産力(真理)の展開と規範的構造(正当性あるいは適切性)の変化がそれである。これらの発展は、論理的には相互に独立した、合理的に追構成可能なモデルにしたがう。世俗的知識とテクノロジーの歴史は、外的自然との交渉のなかで、真理であるか否かによって統制された成果の歴史である。この歴史は非連続的ではあるものの、長期的に見れば蓄積的な過程から成り立っている。科学と技術の進歩に見られる世界史的な蓄積という性格を説明するためには、経験的なメカニズムについての知識が必要であるが、それだけでは十分ではない。われわれはむしろ、不可逆的な連なりの序列をあらかじめ確定している、科学と技術の発展の内的論理を推定しなければならない[19]。合理的に追構成可能な発展のモデルによる制約は、つぎのようなありふれた経験にあらわれている。すなわち、伝統の連続性が断ち切られないかぎり認知的な前進をまったく忘れてしまうことはできないし、不可逆的な発展の筋道からの逸脱はどんなものでも代償を支払わなければならない退行だと感じられる、という経験がそれである。

文化的生活もこれと同様に恣意的な定義にしたがうことがないという事態は、それほどありふれたことではない。内的自然の社会化も討議による妥当請求をへて進行するので、規範的構造の変化は科学と技術の歴史と同様に一定の向きをもつ過程をたどる。内的自然の統合は認知的な内容をもっている。神話から宗教をへて哲学やイデオロギーへと歩みがすすむにつれて、規範的な妥当請求を討議によって認証すべしという要求がますます強まってくる。自然認識やテクノロジーと同じように、世界像もまたその発展においてモデルにしたがっている。このモデルによって、以下に記述的に列挙した規則めいたものを合理的に追構成することができるようになる。

- 聖なる領域にたいする世俗的領域の拡張
- 持続していた他律から自律の増大へ向かう傾向

・世界像からの認知的内容の脱落（宇宙論《コスモロジー》から純粋な道徳体系へ）
・部族的な特殊主義から普遍主義的でかつ同時に個人主義的な〔規範への〕方向づけ
・無邪気な生を方向づける体系としての神話、戒《いまし》め、啓示宗教、理性宗教、イデオロギーという連なりから読みとることのできる、信仰のありかたにたいする反省の度合いの増大。(20)

アイデンティティを保証するとともに社会統合の機能を果たす世界像の構成要素、すなわち、道徳体系とそれに付随する解釈は、複雑性を増大させながら、個体発生のレベルにおける道徳意識の発達の論理に対応するモデルにしたがう。集団的に到達した道徳意識の段階も、伝承の連続性が保たれるかぎり、集団的に獲得された知識と同様に、忘却されることはまずないだろう――これは退行現象を排除するわけではないが。(21)

(2)について　生産力、制御能力、世界像（あるいは道徳体系）の諸次元においてありうべき発展のあいだには込み入った相互依存関係があるが、それはここでは究明できない。けれども、社会文化的生活の再生産の形態には著しい非対称性があるように思われる。すなわち、生産力の発展は、社会システムにおいて偶発性の余地をたえず拡大させるが、解釈体系の構造における進化の推進は選択上の有利さをかならずしも提供するわけではないのだ。もちろん、システム自律性の増大とそれに対応する社会の組織形式の複雑性の増大は、窮屈になった規範的構造を突き破り、制御の観点から見れば機能不全を起こしている〔より多くのひとの〕参加の障壁を取り払うことができる——この経過は、たとえばこんにちの発展途上国の近代化にあたってくりかえし観察することができる。しかし、それ以上に問題となる事例を考えることもできるし、それを証明することもできる。規範的構造は、生産力の発展とともに拡大する世俗的知識と、それまで受けつがれてきた世界像の教義とのあいだの認知的不協和によって、いきなり覆されることもある。規範的構造の進化の推進をひき起こすメカニズムは、そうした発展の論理に依存しないので、生産力の発展と制御能力の増大がまさに社会システムの制御の要請に対応する規範的な変容をひき起こす、という保証はなおのこと存在しない。真理請求をつうじて進行する外的自然にたいするコントロールが選択能力の拡大によってもたらした選択上の有利さが、正当性と適切性の請求をつうじて進行する内的自然の統合によって、自己産出的な複雑性というかたちで再び失われるのかどうか、失われるとしたらそれはどれほどなのか、というのはむしろ経験的な問いである。システムの権力を高める生産力の上昇が、規範的構造を変化させ、これが同時にシステム自律性を制約するという事態を排除することはできない。なぜなら、規範的構造の変化が新たな正統化の要求をうみだし、それによって目標値の変動の余地が狭まるからである（わたしはあとで、こうした事例は後期資本主義においてすでに出現しているというテーゼを扱うつもりである。なぜなら、コミュニケーション的倫理の正統化の領域において許容される目標値は、システムの複雑性の指数的な増大と両立できず、また、発展論理上の理由から他の正統化をうみだすことができないからである）。社会システムの目標値は歴史的に変遷するという命題は、目標値の変遷は権力を増大させよという要請によっては意のままにならない世界像の構造の発展論理によって制約される、というかたちで補完されなければならない[22]。

この点と関連する社会のもうひとつの特性がある。内的自然は外的自然と同じしかたでシステムの環境に属しているのではない、というのがそれである。一方で、生体の精神障害の進行について心身医学から学ぶことができるように[23]、社会化された個人の有機体的基盤は完全に社会システムの外部にあるというわけではない。他方で、内的自然は、社会システムへの統合の後も、内的環境とでも呼ぶべきものでありつづける。というのも、社会化された主体は、その個人化の程度に応じて、社会に吸収されてしまうことに抵抗するからである。社会化――内的自然の社会化――は、外的自然の社会化である生産と同じように環境の複雑性の縮減であるとしてしまうと把握することができない。通常は、環境の複雑性の縮小によってシステムの作動上の自由は拡大するが、内的自然の社会化の進歩は、偶発性の余地をむしろ制限する。個人化がすすむにつれて、分化独立した制御中枢の決定にたいする社会化された個人の抵抗力は強まるように見える。規範的構造は、権力の増大という要請にたいして一種の自己抑制メカニズムとして機能する。こうしたことは、自己調整的なシステムの論理の枠内では、内的自然はシステムの環境であると同時にシステムの要素である、としか表現することができないであろう。発話し行為する能力のある主体にたいしても、これと同じパラドクシカルなしかたで、その主体自身の自然は肉体としても物体としてもあたえられる。(24)もちろん、このパラドックスはシステム理論が拡張されすぎてピントがぼけてしまっていることを示しているにすぎない、とわたしは思う。システムと自己制御にかえて、生活世界と間主観性を上位の観点として選択し、社会化をはじめから個人化として把握しておけば、こうしたパラドックスは消滅する。こうした〔諸概念の〕連関は言語理論によって把握することができるが、システム理論に固執するかぎり、つじつまの合わない話になるほかない。(25)社会はシステムでもあるが、社会の作動様式は、システム自律性（権力）の拡大の論理だけにしたがうのではない。社会進化はむしろ生活世界の論理の境界内で進行する。生活世界の構造は、言語によってうみだされる間主観性によって規定され、批判することのできる妥当請求にもとづくのである。

(3)について　社会システムの構成要素についてのこれまでの記述が正しいとすれば、制御能力は、外的自然にたいするコントロールの増大と内的自然の統合の増加に応じて変化する。これら二つの次元における進化は一定の向きをもつ学習過程という形式でおこなわれ、この学習過程は、討議において認証することのできる妥当請求をへて進行する。生産力の展開と規範的構造の変容はそれぞれ、増大する理論的洞察と実践的洞察の論理にしたがう[26]。とはいえ、集合的な学習過程――すなわち一方では世俗的知識とテクノロジーの歴史、他方ではアイデンティティを保証する解釈体系の構造の変遷――がしたがっている合理的に追構成可能なモデルは、ありうべき発展の論理的に必然的な連なりを説明しているにすぎない。これにたいして、事実生じている発展――イノベーションと景気停滞、恐慌の発生、生産的あるいは非生産的な危機の処理など――は、経験的なメカニズムの助けを借りなければ説明できないであろう。もっとも、わたしは、そもそも社会進化の基底にあるメカニズムは《学習しないではいられない》という自動作用にあるだろうと考えている。社会文化的な発展段階においては、学習することではなく、学習しないことこそが説明を要する現象である。ここに見られるのは、そういいたければ、人間の理性的なありかたである。これを下敷きにしてはじめて、人類の歴史の圧倒的なまでの非理性的なありさまがくっきりと浮かび上がって見えるようになる。さまざまな学習水準を区別するための形式的な観点は、われわれが二つの次元で学習するということ（理論的もしくは実践的）、そしてこうした学習過程が討議において認証することができる妥当請求と結びついているという事態から生じる。非反省的な学習は、暗黙のうちに提起された理論的および実践的な妥当請求が素朴に想定され、討議による検討をへないまま、それが受容されるか拒絶されるという行為連関においておこなわれる。反省的な学習は、疑問視された実践的な妥当請求を、あるいは制度化された懐疑によって疑問視された実践的な妥当請求を、われわれが主題として取り上げ、主張にもとづいてそれに同意するか拒絶するという討議をつうじておこなわれる。社会構成体によって可能となる学習水準は、社会の組織原理が、①理論的問題と実践的問題の分化を、②非反

		理論的問題と実践的な問題	
		分化していない	分化している
学習	非反省的	×	――
	反省的	×	×

省的(前学問的)学習から反省的学習への移行を、許容しているかどうかにかかっているだろう。ここから四つのありうべき組み合わせが生じる。わたしの見方が正しいとすれば、歴史的に実現されたのはそのなかの三つである。

この表は、非常におおまかなアプローチという目的にてらしてみても、もちろん不十分である。というのも、この表は、討議の論理のなかで発展してきた概念(理論的もしくは実践的)[27]をそれとは異質な解釈体系にもちこんでおり、そのうえ、理論的問題と実践的問題は支配的な解釈枠組みにおいてだけ区分されないままなのか、それとも生活実践そのものにおいて区分されていないままなのか、という点を区別していないからである。呪術的な世界像やアニミズムの世界像から推論されるのは、この表で見られる分化がおこなわれていない生活実践であるが、その一方で、神話的な世界像は社会的労働の領域で蓄積され広まった世俗的知識と共存する。そのため、(理論に適した)技術にとって利用できる知識と、自然的および社会的な生活世界についての実践にとって重要な解釈との区別が事実上すでになされている。さらに、この表は、制度化された部分的な討議が実際に利用可能となった領域を描いていない。哲学の成立によってはじめて、神話的伝承の構成要素が討議による検討のために解き放たれた。しかし、古典哲学は実践にとって重要な解釈を理論的問題として把握し取り上げたものの、技術に利用できる経験的知識を理論化することのできないものとして軽視した。これにたいして、近代科学の成立とともに、まさにこうした経験的知識の領域が反省的な学習過程のなかに取り込まれた。それと同時に、哲学においては、理論的問題と実践的問題をその論理形式にしたがって分化する実証主義へといたる傾向が広まったが、しかしこれは、実践的問題を討議から排除するという目標をともなっていた。実践的問題はもはや、「真理か虚偽かを決定できる」ものとはみなされないのである。[28] これとは対照的に、普遍的な実践的討議の制度化は、社会が新たな学習水準に到達したことを意味するだろう。

暫定的に導入された(1)から(3)までの特徴づけが社会システムの構成要素を適切にとらえているとすれば、ある社会の学習能力と、ひいては発展水準とを、さしあたりその社会の生産力とアイデンティティを保証する解釈体系とに着目して確定し、それと同時に制御能力のありうべき増大の限界をも画する組織原理を追求する、という試みは意義のあるものと思われる。マルクスはいくつかの社会構成体を生産手段の処分権の観点から、すなわち生産関係として規定した。彼は、全体を組織化する核心を、規範的構造と物質的基盤が交叉するレベルに置く。生産関係が社会を組織化する原理であるとすれば、もちろん、それはそれぞれの時代における特定の歴史的な生産手段の所有形態と同一視されてはならない。組織原理は可能性の余地を規定するきわめて抽象的な規則である。そのうえ、生産関係ということばを使うと、経済学者たちの窮屈な訓詁注釈に誘導されてしまう。だが、どの部分システムが社会のなかで機能上優位な位置を占めるのか[29]、すなわち、どの部分システムが社会進化を主導することができるのかは、社会の組織原理によってはじめて確定されるのである。

第三節　社会の組織原理の例示

わたしは社会構成体を、未開的、伝統的、資本主義的、そしてポスト資本主義的な社会構成体の四つに区分することが有効であると考えている。未開社会を別として、それらは階級社会である（そのさいわたしは、政治的・エリート的な生産手段の処分権とい

社会構成体

- 未開的
- 階級社会
  - 文明化された
    - 伝統的
    - 近代的
      - 資本主義的
        - (自由主義的資本主義)
        - (組織資本主義)
      - ポスト資本主義的
  - ポスト近代的《モダン》

う点を考慮して、国家社会主義的な社会（当時現存したソ連・東欧をはじめとする社会主義社会をさす）をポスト資本主義的な階級社会と呼ぶ)。

後期資本主義的階級社会および資本主義よりもあとの階級社会における危機の傾向についての研究は、「ポスト近代的《モダン》」社会の可能性を探究したいという関心にもとづいている。この「ポストモダン」という語は、すでに年老いている資本主義[30]の驚くべき生命力につけられた新しい呼び名というだけでなく、歴史的に見て新しい組織原理を意味している。わたしは三つの社会構成体を手がかりにして、社会的な組織原理とは何を意味するのか、そして社会的な組織原理からどのようにして危機の特定のタイプが導き出されうるのか、ということを解説したい。以下に述べる見解は肌理《きめ》の粗いものであり、社会進化の理論を装うものでも、それにとってかわることを意図したものでもない。それは、例を挙げて、ある概念を導入するものにすぎない。わたしは三つの社会構成体のそれぞ

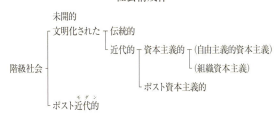

れを規定する組織原理の概略をスケッチし、この組織原理が社会進化にたいして開く可能性の範囲をざっと示したうえで、組織原理が許容するタイプの危機を推理するだろう。もしわたしが依拠することのできる社会進化の理論がないとすれば、組織原理を抽象的に把握することはまだできず、せいぜいそれを帰納的に拾い集めて、発展段階のそれぞれにおいて機能上優位な地位を占める制度的な領域（親族システム、政治システム、経済システム）に関係づけて解説するしかない。

未開の社会構成体

未開社会の組織原理[31]をなすのは、年齢と性の第一義的役割である。制度的な核をなすのは親族システムであり、それはこの発展段階における全面的な制度となっている。家族構造は社会的交通の総体を規定し、社会統合とシステム統合を同時に保証する。世界像と規範はほとんど分化していない。いいかえれば、両者はともに、独立した制裁《サンクション》を必要としない儀礼と禁忌をめぐって構築されている。こうした組織原理は、家族道徳や部族道徳のみと両立する。親族システムの境界を越える水平的あるいは垂直的な社会化はありえない。親族を中心に組織化された社会においては、労働力の搾取（物理的強制による搾取率の上昇）によって生産力を高めることはできない。道具的行為がなされる圏域に組み込まれた学習メカニズムは、長い期間をへても、数少ない基礎的な革新の秩序だった——ように見える——連なりをたどる[32]。未開的な発展段階においては、生産力の水準からいって可能である場合でも、基本的な欲求を満たすために必要な財以上に多くの生産物をうみだすシステム上の動機は存在しないように見える[33]。矛盾した要請が組織原理からなされることがないため、親族を中心に組織化された社会の制限された制御能力にたいして過剰な要求を突きつけ、家族と部族のアイデンティティを掘り崩すのは、外的な変動である。それは、たいていの場合、生態学的要因と関係する人口の増大であり、とりわけ交易や戦争、征服といった理由による種族《エスニック》間の従属関係である[34]。

伝統的な社会構成体

組織原理であるのは、政治的な形態での階級支配である。官僚制的な支配機構の成立にともなって、親族システムから制御中枢が分化独立し、これによって社会的富の生産と分配を家族的な組織形態から生産手段の所有へ移すことが可能となる。親族システムは、もはやシステム全体の制度的な核ではない。中心的な権力機能と制御機能は国家に引き渡されている。これは機能の特殊化と自律化のはじまりであり、この経過のなかで、家族はその経済的機能をまるごと失い、社会化の機能を部分的に失ってゆく。文明が発展した段階においては、システム統合か社会統合のいずれかに大きくかたよりながら寄与するサブシステムが成立する。それらが交叉するところに、生産手段の特権的な処分権と戦略的な権力行使を規制する法秩序が存在するようになり、これはこれで正統化を必要とする。一方における支配機構と法秩序、他方における抗事実的な正当化と道徳体系との分化に対応して、世俗的な暴力と宗教的な暴力は制度的に分離する。新しい組織原理によって、システム自律性のめざましい増大が可能となる。これは機能の分化を前提としており、また、一般化されたメディア(権力と貨幣)ならびに反省的メカニズム(実定法)の発達を可能にする。しかし、こうした制御能力が増大するための余地は、根本のところで不安定な階級構造という代償を支払って得られたものである。階級社会においては、生産手段の私的所有[35]とともに権力関係が制度化されるが、長期的に見れば、これが社会統合を脅かす。というのも、階級関係において確立された利害の対立は紛争につながる可能性を意味するからである。とはいえ、正統な支配秩序の枠内では、社会階級間の利害の対立は潜在的なものにとどまり、しばらくのあいだは統合されうる。これが正統化をおこなう世界像あるいはイデオロギーのはたらきである。すなわち、正統化をおこなう世界像やイデオロギーは、規範的構造の抗事実的な妥当請求を公共的な議論の主題や検証に付させないようにするのである。生産関係はそのまま政治的な形態をとる。すなわち、経済関係は正統な暴力によって規制される。支配秩序は伝統的な世界像や慣習的な国家倫理を拠りどころとすることによって正当化される。

この新しい組織原理は、垂直方向には著しく分化を遂げるものの、水平方向への社会化を非政治的な交換関係(局地的な市場、都市‐農村)をつうじて狭い範囲に限定する。政治的な階級支配は部族道徳が国家倫理に従属することを要求するが、この国家倫理は伝統に依存しており、それゆえ特殊主義的なものにとどまっている。つまり、普遍主義的な交通形態とは両立しないのである。生産力は、社会的労働の階級制度においては搾取率の上昇によって、それゆえ組織化された強制労働をつうじて増大させることができるので、社会的に産出された剰余生産物が生じ、特権層がそれを専有する。もっとも、技術革新は相変わらず自然発生的なままであるため、生産力の増大には限界がある(技術的に利用できる知識は反省的な学習によって拡大されることはない)。

伝統的社会の成立にともなって、内的矛盾から出現するタイプの危機が生じてくる。

この矛盾は、搾取を明確に許容しえない規範体系および正当化体系の妥当請求と、社会的に生産された富の特権的な専有を規則とする階級構造とのあいだに生じる。社会的に生産された富がいかにして不平等に、にもかかわらず正統に分配されうるのかという問題は、抗事実的な妥当請求にたいするイデオロギー的防衛によって一時的に解決される。伝統的社会は、危機的な状況においては労働力の搾取を強化することによって制御の余地を拡大し、それゆえ直接的に物理的強制を強化すること(これにかんしては刑法の歴史が格好の指標をあたえてくれる)をつうじてか、あるいは間接的に(労働収益、生産物収益、金利という順序の)強制的課税の一般化をつうじて権力を増大するので、危機は通例制御問題をきっかけとして生じることとなり、この問題は抑圧の強化をつうじたシステム自律性の増大を必要とする。抑圧の強化はさらに正統性の喪失につながり、それによって(しばしば対外的な紛争と結びついて)階級闘争がもたらされる。階級闘争はついには社会統合を脅かし、政治システムの変革と新たな正統化の基礎、すなわち集団の新しいアイデンティティに結びつくこともある。

自由主義的資本主義的な社会構成体

組織原理であるのは、市民的《ブルジョワ》私法体系に根ざした賃労働と資本の関係である。私的自治を原則とする商品所有者からなる、国家に制約されない交易の領域の成立、すなわち、財市場、資本市場、労働市場の領域国家的な制度化ならびに世界貿易の確立にともなって、政治・経済システムから「市民社会」[36]が分化し自立化するが、これは階級関係の脱政治化と階級支配の匿名化を意味する。国家と政治的な構造をもつ社会的労働のシステムは、もはやシステム全体の制度的な核ではない。近代の租税国家は――マックス・ヴェーバーがその原型を分析したが[37]――自己調整的な市場交換を補完する装置になっている[38]。国家は、対外的には依然として政治的手段を用いた領域の不可侵性と国内経済の競争力を保障する。国内においては、それまで支配的だった制御のメディア、すなわち正統な権力は、まずもって市場によって調整される資本の価値増殖過程を可能にする一般的な生産諸条件を維持することに奉仕する。そこでは交換が支配的な制御のメディアとなる。資本主義的な生産様式が行き渡ったあとは、社会システム内部における主権権力の行使は以下の目的に限定されるだろう。①市民的私法にもとづく交通交易の保護（警察と司法）、②自己破壊的な副作用にたいする市場メカニズムの防護（たとえば労働者保護の立法）、③経済全体にかかわる生産の前提条件の充足（公的な学校教育、輸送、交通)、④蓄積過程から生じる需要への私法体系の適応(税法、銀行法、会社法)[39]。国家は、これら四種類の課題を果たすことによって、再生産過程を資本主義過程として存続させるための前提条件を確保する。すでに伝統的社会において、システム統合と社会統合の両領域の制度的な分化がはじまっていたものの、経済システムは社会文化システムからの正統化の供給に依存しつづけていた。経済システムが政治システムから相対的に分離されることによってはじめて、伝統的な紐帯から解き放たれて、市場参加者が行為を戦略的・功利主義的に方向づけるにまかせる領域が市民社会のなかに成立しうるのである。互いに競争する企業家たちは、利潤目的の競争という行動指針にしたがって決断をくだし、価値に定位した行為を利益に嚮導《きょうどう》された行為に取りかえる[40]。

この新しい組織原理は、生産力の展開と規範的構造の発展のためのさらなる余地を切りひらく。生産様式は、資本の自己増殖の要請によって、労働生産性を向上させるイノベーションのメカニズムと結びついた拡大再生産を始動させる。資本蓄積は、物理的な搾取、すなわち絶対的剰余価値の上昇が限界に達すると、技術的生産力の発展を、またそれをつうじて技術的に利用できる知識と反省的な学習過程との結合をすぐさま強要する。他方で、自律化した商品交換は、政治秩序から正統化の重圧を取り除く。自己調整的な市場取引は、合理的な国家行政や抽象法だけでなく、社会的労働の領域における戦略的・功利主義的な道徳による補完をも必要とする。この道徳は、私的領域における「プロテスタンティズム」の倫理とも〔カント流の〕「形式主義的」な倫理とも両立する。ブルジョワ・イデオロギーが普遍主義的な構造をなし、普遍化可能な利益に訴えることができるのは、所有秩序が政治的な形態を脱ぎ捨て、見かけ上自分自身で自己を正統化することができる生産関係へ転換されてしまっているからである。いいかえれば、市場制度は等価交換に内在する正義を拠りどころにすることができる。それゆえ、いまや市民的立憲国家は正統な生産関係によって正当化される。ロック以来の理性的自然法の福音はまさにその点にあるわけである。生産関係は、伝統的な、いわば「上から」正統化された支配がなくてもやっていけるのである。

もっとも、価値形態の社会統合作用がおよぶ範囲は、全体としてみれば市民《ブルジョワ》階級に限定されていたといえよう。主として農民層の出身者からなる新しい都市プロレタリアートの成員がみせる忠誠や従属は、たしかにブルジョワ・イデオロギーの説得力によるものというよりも、むしろ伝統的な紐帯や宿命論的な忍従、展望の欠如や露骨な抑圧などのごた混ぜによって維持されていた。とはいえ、この事実によって、もはや人格的な形態での政治支配を承認しない社会において、こうした新たなタイプのイデオロギー(41)がそなえている社会統合の意義がそこなわれることにはならない。すなわち、階級支配の政治的匿名化にともなって、社会的な支配階級はもはや自分が支配しているのではないということを自分に納得させなくてはならない、という問題が生じるのである。普遍主義的なブルジョワ・イデオロギーはこの課題をいっそう容易に克服することができる。それは、①みずからの拠って立つ基礎を「科学的」に伝統批判に求め、②モデル的性格をもつ、すなわち、ダイナミックに成長する経済社会によってはじめからその可能性が否定されるはずのない社会状態を先取りするからである。しかしながら市民社会は、それだけいっそう理念と現実との明白な矛盾に敏感に反応せざるをえない。そのため、市民社会にたいする批判は、さしあたりまず、理念と現実を対比させてブルジョワ・イデオロギーの仮面を剥ぐ、というかたちで展開することができたのである。それにもかかわらず、資本主義的な組織原理の成果は並外れたものである。それによって、政治システムから分離した経済システムが、社会統合的なサブシステムの制約から解放されるだけでなく、システム統合という課題に取り組むことが同時に社会統合にも寄与するという事態が可能になるのである。もちろん、こうした成果によって社会システムの脆弱性は高まるのだが、それは、いまや制御問題がそのままアイデンティティへの脅威になりうるからである。システム〔体制〕危機という語をわたしはこうした意味で用いたい。

　経済発展が自然発生的に動いている範囲内では、組織原理は生産力の発展を制限することはない。規範的構造もまた、新しい組織原理によってはじめて普遍主義的な価値体系が許容されたため、発展のための広範な余地を獲得する。もっとも、この新しい組織原理はコミュニケーション的倫理とは両立しない。コミュニケーション的倫理は、規範の普遍性だけでなく、規範的に定められた利益の普遍化可能性について討議によって合意が得られることをも要求する。組織原理は、階級対立によって紛争にいたる可能性を制御の次元へと移し、この次元においては紛争の可能性は経済的な危機〔恐慌〕というかたちで顕在化する。自由主義的資本主義に典型的なのは、好況、恐慌、不況の交替である――賃労働と資本の関係にもとづく利害の対立は、階級対立においてじかにではなく、蓄積過程の中断において、したがって制御問題というかたちであらわになる。こうした経済的な危機の論理から、システム危機についての一般的概念を得ることができる。

　つぎの表は、例を示して導入した組織原理とこれに対応する危機の類型との関係をまとめたものである。

社会構成体	組織原理	社会統合とシステム統合	危機類型
未開的	親族関係 第一義的役割 (年齢と性別)	社会統合とシステム統合が分化していない	外的にひき起こされたアイデンティティの危機
伝統的	政治的な階級支配 国家暴力と社会経済的階級	社会統合とシステム統合の機能的分化	内的な素因に由来するアイデンティティの危機
自由主義的資本主義的	非政治的な階級支配 賃労働と資本	システム統合的な経済システムが社会統合の課題も引き受ける	システム危機

組織原理は、発展の三つの次元(生産、制御、社会化)のそれぞれにおける進化の可能性の余地を確定することによって、以下の点が生じるのかどうか、もし生じるとすれば、

①システム統合と社会統合はどのようにして機能的に分化されうるのか、

②システム統合の脅威がいつ社会統合の脅威を、したがって危機をともなわざるをえなくなるのか、

③制御問題はいかなる道筋をへてアイデンティティにたいする脅威へと転化するのか、すなわち、いかなる類型の危機が優勢になるのか、

を規定するのである。

第四節　システム危機
――自由主義的資本主義における危機循環を例とする解説

自由主義的資本主義における危機は、未解決の経済的な制御問題というかたちで、出現する。システム統合にたいする脅威はそのまま社会統合にたいする脅威以外のなにものでもないので、そのことが経済的な危機という語を用いることを正当化する。未開社会においては似たような緊密な連関が存在するものの、それは家族的な組織原理によってシステム統合と社会統合の分離が許容されないからである。機能分化は伝統的社会において発達したが、近代への移行にともなってたしかに後戻りできないものになった。しかし、自由主義的資本主義においては、社会統合の課題が市場という分化独立した非政治的な制御システムにゆだねられるという独特の動きが生じ、(さしあたり市民階層《ブルジョワジー》において)正統化に力を発揮してきた伝統の構成要素(理性的自然法、功利主義)は土台そのものに組み込まれたイデオロギーに――ほかでもない等価交換というイデオロギーに――依存するようになる。伝統的社会において危機が生じるのは、制御問題を組織原理によって限定された可能性の範囲内では解決することができず、そのため社会の同一性《アイデンティティ》を脅かすシステム統合の脅威がひき起こされる場合であり、かつその場合に限られる。これにたいして自由主義的資本主義社会においては、危機はこの社会に固有の特異体質になる。なぜなら、経済の成長過程が多かれ少なかれ規則的な周期でうみだす一時的に未解決の制御問題は、そのままで社会統合を脅かすからである。周期的にくりかえして社会を解体させる制御問題は、社会変動の加速化という持続的な不安定性とともに、市民階級にとっては危機意識の、賃労働者にとっては革命への希望の客観的根拠をうみだす。それまでのいかなる社会構成体も、これほどまでに突発的なシステム変化にたいする恐怖と期待のなかで生きてきたことはなかった。たとえ時間的に濃縮された変革、すなわち革命的飛躍という観念は、持続的危機としてのシステム危機という作動のしかたとは奇妙な対照をなしているとしても、である。

社会統合の機能がなにはさておきシステム統合の機能を果たす部分システムに転換するということは、自由主義的資本主義において階級関係が労働市場をつうじて制度化され、そしてそのおかげで脱政治化されるという事実によってはじめて可能となる。社会的富の源泉、すなわち労働者の生産力が商品となり、社会的な資本が賃労働という条件のもとで再生産されることによって、労働と交換の過程はマルクスの分析した二重の性格を帯びる。すなわち、〔第一に〕労働過程は使用価値を生産することによって交換価値の生産に寄与する。〔第二に〕交換過程は、貨幣メカニズムをつうじて労働力と財の配分を規制することによって、資本の形成と自己増殖に寄与する。そのさい、市場は二重の機能を担っている。一方で、市場は貨幣というメディアをつうじて制御された社会的労働システムにおける制御メカニズムとして機能する。他方で、市場は生産手段の所有者と賃労働者との暴力関係を制度化する。資本家がもつ社会的暴力は、私的な労働契約というかたちをとって交換関係として制度化され、私的に処分しうる剰余価値の吸い上げが政治的従属関係にとってかわるので、市場はサイバネティクス〔制御〕の機能とともにイデオロギーの機能を同時に担う。すなわち、階級関係は、賃金への依存という非政治的なかたちで匿名の形態をとることができるのである。したがってマルクスにおいては、価値形態についての理論的分析は、市場経済における取引を制御する原理と、市民的な階級社会の基底にあるイデオロギーを暴くという二重の課題を背負っているわけである。価値論は、経済システムの機能分析に奉仕すると同時に階級支配のイデオロギー批判にも奉仕するが、労働市場において等価物が交換されていないことを論証することによって、ほかならぬ市民《ブルジョワ》の意識にたいしてすらこの階級支配の仮面を剝ぐことができる。

市場は、生産手段の所有者に、私法によって承認された権力を保証し、これによって剰余価値をわがものとし私的自治という名目でこれを利用することが可能になる。とはいえ、蓄積過程はその危機的な推移のなかに、こうした生産様式に埋め込まれた「矛盾」の秘密を明かしている。経済は周期的にくりかえされる危機・恐慌をくぐり抜けて成長する。それは、経済的な制御システムに移された階級構造が、階級利害の矛盾をシステムの要請の矛盾に変化させたからである。こうしたまとめかたを採用するならば、われわれは矛盾という概念を二つの異なる理論的用語で用いることになる。誤解をさけるためにここであらかじめ〔矛盾〕概念の整理をしておきたい。

　矛盾というカテゴリーはかなりすり減ってしまっており、しばしば「敵対関係」や「対立」、「紛争・葛藤《コンフリクト》」と同じ意味で用いられている。しかしながら、ヘーゲルとマルクスによれば、「紛争」は根底にひそむ論理的な矛盾の現象形態であり、経験的側面にすぎない。そうであるなら、紛争は、ある行為システムのなかで共存できない要求や意図がうみだされるうえで効果的にはたらいている規則を引き合いに出すことによって、はじめて概念的に把握することができる。ところで、要求や意図のあいだには、言明のあいだにあるのと同じ意味での「矛盾」は存在しえない。表出（すなわち意図が具現化される意見や行為）がうみだされるさいにしたがう規則体系は、われわれが命題をつくり、真理値が失われないようにそれを変更するときにしたがう規則体系とは歴然と異なる種類のものである。ことばをかえていうなら、社会の深層構造は（通常の論理学のような）狭い意味での論理の構造ではないのだ。ひるがえって、表出においてはつねに命題内容が用いられる。したがって、「社会的な矛盾」という語を用いることを正当化できる論理は、発話行為《スピーチアクト》と行為における命題内容の使用にかんする論理学でなければならないはずである。この論理は、発話し行為する能力のある主体間のコミュニケーション的関係におよぶもの――論理学というよりむしろ普遍的語用論――でなければならないだろう(42)。

われわれが社会構成体の「根本的矛盾」という語を用いることができるのは、その社会構成体の組織原理から、このシステムにおいて（長期にわたって）互いに相容れない要求や意図をもつ個人や集団が（くりかえし）対峙する必然性を導き出すことができる場合であり、かつその場合だけである。これは階級社会にはあてはまる。要求や意図が共存不可能であることが当事者に意識されないかぎり、紛争は潜在的なままにとどまっている。もっとも、そのような無理に抑え込まれるかたちで統合された行為システムは、正統に欲求を満たす機会の非対称的な配分を――一言でいうなら欲求の抑圧を――隠蔽するイデオロギー的な正当化を必要とする。そうなれば、当事者間のコミュニケーションは体系的に歪められるか、阻止される。強制的な統合の条件のもとでは、矛盾は、敵対する陣営によって明言された意図同士の矛盾としては表現されないし、戦略的な行為において決着をつけることもできない。むしろ、主体がそれにしたがっていると思っている意図と、主体の無意識の動機との――とわれわれならばいうが――、あるいは根底にひそむ利害との矛盾というイデオロギー的な形態をとる。これらの共存不可能性がひとたび意識されると、紛争は顕在化する。互いに相容れない意図は、対立する利害として認識されるのである(43)。

システム理論も共存不可能性をうみだすことのできる規則体系の論理に関係している。ある所与の環境において、システムの制御能力には解決できないほど多くの問題が提起されると、論理的に導き出すことのできるさまざまな矛盾があらわれ、それによって崩壊を招きかねないシステム構造の変更(それまで「存続」を支えてきた要素の変更あるいは放棄)が求められる。この「矛盾」という表現が取り入れられるのは、〔システムの〕存続維持の問題との関連においてである。したがって、この矛盾は、弁証法的な矛盾のように、発話し行為する能力のある主体同士の、あるいは主体からなる集団同士のコミュニケーション的関係に最初からかかわっているわけではない。紛争は、システム理論の枠組みにおいても、未解決のシステム問題のあらわれとして把握することはできる。しかし、「矛盾」という用語を使いつづけるとしても、自己調整するシステムの論理と日常言語によるコミュニケーションの論理との区別を曖昧にしてはならないだろう。

紛争は、コミュニケーション理論やシステム理論に依拠しないで描かれるならば、真理とのかかわりをもたない経験的な現象である。そうした対立がコミュニケーション理論やシステム理論によって概念的に把握されてはじめて、この現象は論理的なカテゴリーとの内在的な関連性をもつようになる。システム統合の諸問題は、それが限られた数の提示できる(そして機能的に等価な)解決によって定義されるかぎりにおいて、真理か虚偽か決定が可能である。もちろん、制御問題の真理との関連性は、さしあたっては観察者(ないしはシステム理論家)にとって存在するのであり、かならずしも問題が生じた行為システムの成員にとっても存在するというわけではない。社会統合の諸問題(紛争はそのあらわれとして把握することができる)も、同様に真理か虚偽か決定可能である。というのも、競合する要求は拘束力のある共通の行為規範の勧告(と警告)であると理解されうるので、そうした競合する妥当請求にたいしては実践的討議において決定をくだすことができるであろうからである。しかし、真理とシステムからうみだされた利害の紛争とのかかわりは、社会学者にとってだけでなく、分析対象である行為システムの成員自身にとっても存在する(したがって、批判は、システム分析とは異なり、その受け手の啓蒙にたいして開かれた意識に関係している(44))。

階級構造とともに出現する矛盾は、特権層が社会的な富を独り占めすることから生まれる。そうした矛盾は、伝統的社会では、行為する陣営の利害対立というレベルにそのままじかに顕在化する。自由主義的資本主義においては、階級間の敵対関係は制御問題のレベルで写し出される。そこではダイナミックな相が前面に出てくる。すなわち、社会は、資本主義的な生産様式とともに技術的な生産力をかなり恒常的に発展させる能力を獲得するので、経済的な危機は経済成長の危機的な経過のモデルとなる。

資本蓄積は、マルクスの分析によれば、剰余価値の取得と結びついている。ということは、経済成長は、社会的な暴力関係を確立すると同時にこれを(部分的に)隠蔽するメカニズムによって統制されている、ということである。価値の生産は、剰余価値の私的な取得によって制御されるので、システム理論の立場から追構成可能な矛盾の螺旋的進行が生じる。総資本の蓄積は、資本の構成要素の周期的な価値低下をつうじておこなわれる。こうした経過形態が恐慌循環である。この自己否定的な発展モデルは、資本の蓄積という観点から見ると、一方では、大量の交換価値と使用価値（すなわち資本と社会的富）が相対的剰余価値の上昇をへて蓄積されるということ、すなわち、資本集約的であると同時に費用節約的な技術の進歩によって蓄積されるということである。しかし他方では、蓄積が新たな段階に達するときはつねに、剰余価値だけをめざす可変資本（これによって労働力が購入される）に不利なかたちで資本の構成が変化することになる。マルクスは、ここから利潤率の低減と蓄積過程を継続する推進力の低下という傾向を導き出す。この同じ矛盾は、資本の実現という観点から見ると、一方では、蓄積が新たな段階に達するときはつねに、剰余価値の増大とともに潜在的な社会的富も増加するが、他方では、大衆の購買力、ひいては資本の価値増殖の機会は、資本所有者がみずからの剰余価値の相当割りあて分を放棄するのと同じ程度にしか上昇しえないこととしてあらわれる。それゆえ、蓄積過程は、実現可能性の欠如のために、あるいは投資への刺激の欠如のために、停滞せざるをえないのである。

蓄積過程の中断は資本壊滅という形態をとる。これは、個々の資本家から財産を没収し（破産）、労働者大衆から生存手段を奪う（失業）という現実的な社会過程の経済的な現象形態である。経済的な危機はそのまま社会的な危機に転化する。というのも、経済的な危機は社会階級間の対立をあらわにするので、見せかけだけ権力から自由な社会的交通の領域という自己演出にたいする実践的なイデオロギー批判を遂行することになるからである。経済的な危機は互いに矛盾するシステムの要請から発生し、システム統合を脅かす。それは同時に、行為する集団の利害が互いに衝突し、社会の社会統合を疑わしいものにするような社会的な危機である。

　経済的な危機は、相互行為連関のなかにいる成員間の弁証法的な矛盾が構造的に解決不可能なシステム矛盾あるいは制御問題という点から生ずることを特徴とする、世界史上最初の（そしてもしかすると唯一の）システム危機の例である。このように利害をめぐる紛争がシステム制御のレベルに移動することによって、システム危機は明暗のはっきりした客体性・客観性を獲得する。すなわち、システム危機には、目的合理的な行為のシステムの只中から突然発生した天災という性格があるのだ。伝統的社会においては、社会階級間の対決はイデオロギー的意識形態によって媒介され、そのせいで眩惑の絆が、運命であるかのような客体性を帯びていたが、自由主義的資本主義においては、階級対立は生活世界の間主観性からこの生活世界の基盤へ移されている。商品物神という世俗化された残存イデオロギーは、同時に、経済システムにおいて実際に機能している制御原理である。したがって経済的な危機は、自己反省によって手の届く運命的な性格を失い、説明のつかない偶発的な自然の異変という客体性を獲得する。これについては、地上に滑り落ちたイデオロギー的核心を反省によって粉砕することができるよりも前に、システム進行の客観的な研究を必要とする。このことはマルクスの経済学批判に反映されている[45]。

価値論は、商品物神（とそこから派生する市民《ブルジョワ》社会の文化現象[46]）にたいする批判という課題も果たすべきではあるものの、直接的には経済的な再生産過程のシステム分析である。そこでは価値論の基本概念は、戦略的に、矛盾をはらんだ資本蓄積の理論から生じる命題を階級理論の行為理論的な想定へと改造することができるように用いられる。マルクスは、階級構造の限界内で進行する資本の価値増殖という経済的経過を階級間の社会的経過へと翻訳しなおす可能性を残しておいている――彼は『資本論』の著者にして『〔ルイ・ボナパルトの〕ブリュメール一八日』の著者である。内在的にはじめられた経済学的分析をこのように社会学的に翻訳しなおす作業こそが、〔自由主義的資本主義から〕組織資本主義〔2〕へという変化した条件のもとではさまざまの難問をうみだす。わたしは、資本主義は変わったか(47)という相変わらず満足のゆく解答があたえられていない問いを、つぎのようなかたちで取り上げたい。すなわち、資本主義的な社会構成体にはらまれている根本的な矛盾は、組織資本主義の現象形態のもとにおいても変わることなくはたらいているのか。それとも、危機の論理は変化したのか。資本主義は、経済成長の危機に満ちた推移形態を克服した資本主義後の社会構成体にすっかり移行してしまったのか。

第二章　後期資本主義における危機の傾向

自由主義的資本主義から組織資本主義への移行はきわめて複雑で、各国ごとに生じたちがいは興味深いが、ここではそれは棚上げして、[1] 組織資本主義の最も重要な構造的特徴のモデルに考察を限定し（第一節）、そのうえで、そこからこの社会構成体において発生しうる危機の傾向のありうべき種類を導き出すことに専念せざるをえない（第二節—第三節）。そのようなありうべき危機の傾向が実際に生じて行き渡るための境界条件〔1〕はどれほどの確率であたえられるのか、それを経験的に決定するのは容易なことではない。われわれがこれまでのところ見渡してみて認めることのできる経験的な指標は十分なものではない。そこでわたしは、重要な主張とそれに反対する主張を提示することに考察を限定することにする（第四節—第七節）。こうした議論のスケッチは経験的研究にとってかわることはもちろんできず、せいぜいその方向を定めることができるだけである。

第一節　後期資本主義の記述的なモデル

「組織資本主義」や「国家によって規制された資本主義」という表現は二つの種類の現象に関係しており、それらはいずれも蓄積過程が進行した状態にもとづいているといえる。ひとつは、企業の集中過程（国内法人やその後の多国籍法人の成立[2]）と財市場、資本市場、労働市場の組織化に関係しており、もうひとつは、市場機能の欠落部分の増大を穴埋めする国家の介入に関係している。〔前者の〕市場の寡占的な構造の拡大は、たしかに競争資本主義の終焉を意味する。しかし、たとえ企業が時間的な見通しを拡張し、環境にたいするコントロールを拡大するとしても、投資の決定が相変わらず経営上の採算性という基準にしたがってくだされているかぎり、市場の制御メカニズムは効力を失わない。同様に、〔後者の〕国家の介入が市場メカニズムを補完し、部分的にこれにとってかわることは、自由主義的資本主義の終焉を意味する。しかし、私的自治を原則とする商品所有者からなる交通交易の領域がどれほど行政によって制限されるとしても、社会総体の優先順位が自然発生的に、すなわち民間企業の戦略の結果生ずる効果として形成されているあいだは、稀少資源の分配の政治的な計画化は効力をもたない。先進資本主義社会においては、経済システム、行政システム、正統化システムは、きわめて一般化された水準においては、おおよそ以下のように特徴づけることができる。

経済システム

〔一九〕六〇年代には、民間セクターと公的セクターの区別にもとづく三セクターモデルがアメリカを例にしていろいろと展開された[3]。民間の経済活動による生産は市場志向的であり、そこではひとつのセクターが従来どおり競争によって規制されているが、もうひとつのセクターは「競争的周辺部」を許容する寡占体の市場戦略によって規定されている。これにたいして公的セクターにおいては、とりわけ軍備と宇宙船の生産において、ほぼ市場に依存せずに投資の決定をおこなうことのできる大企業が成立した。それは、国家の直接的な統制のもとに置かれた企業か、あるいは国家の委託を受けて運営される民間企業である。独占セクターと公的セクターでは資本集約型の産業が優勢で、競争セクターでは労働集約型の産業が優勢である。資本の有機的構成〔2〕は、前者においては高く、後者においては低い。独占セクターと公的セクターにおいては強い労働組合が企業と対峙し、競争セクターにおいては労働者はそれほど組織化されていない。これに応じて賃金水準も異なる。独占セクターにおいて見られる生産の進歩は比較的速い。公的セクターにおいては、企業は独占セクターと同程度の合理化をおこなう必要はなく、競争セクターにおいてはそうした合理化をおこなうことができない(4)。

行政システム

国家装置は経済システムからの数多くの要請を実現するが、それらの要請は二つの観点から整理することができる。国家装置は、総合的な計画を用いて経済の循環全体を規制する。国家はまた、過剰に蓄積された資本が活用される条件をつくりだし、改善する。

この総合計画は、消極的にいうなら、私的自治にもとづく生産手段の処分権に抵触しないように立案され(民間企業による投資の自由は制限されてはならない)、積極的にいうなら、不安定さを回避するために策定される。その意味では、財政政策や金融政策といった循環を規制する措置は、投資や総需要を規制するための個々の措置(信用供与、価格保証、補助金、公債、所得の再分配、景気対策の一環としての国家からの発注、間接的な労働市場政策など)と同様に、それらの措置の目標体系の枠内でさまざまな要請同士が競合するのを回避する戦略という反応《リアクション》的な性格をもつのである。この目標体系は、絶えざる成長、貨幣価値の安定、完全雇用、貿易収支の均衡といった競合する要請のあいだで建前としては必要とされる調停によって規定されている。

総合計画は、民間企業がくだす決定のための境界条件を操作することによって、市場メカニズムの機能不全の結果生ずる効果を修正するが、過剰に蓄積された資本の価値増殖の条件を国家がつくりだし改善する場合はつねに、以下のような手段をつうじて国家は市場メカニズムにとってかわる。それは、以下のような手段によってである。

- 「国家の競争力の強化」や、国家の枠を超える経済ブロックの組織化、国際的な階層の形成を帝国主義的に確保することなど
- 非生産的な国家消費(軍備と宇宙航空産業)
- 市場の自主性に任せていては取り残されるセクターへと資本を誘導する構造政策
- 物質的な社会基盤《インフラ》の改善(交通網、学校制度、医療制度、レクリエーション施設、都市計画や地域計画、住宅建設など)
- 非物質的なインフラの改善(全般的な科学振興、研究や開発活動への投資、特許権の斡旋など)
- 人間の労働生産力の向上(普通教育制度、職業教育制度、専門教育や再教育のプロ

グラムなど)

・民間の生産から生じる社会的実質的な経費の弁済(失業手当、福祉、環境破壊対策)

国際市場での地位の改善、国家の非生産的な消費財への需要、資本誘導の措置は投資機会を創出したり改善したりするが、その他の措置においては(最後に挙げたものはのぞいて)、投資機会の創出や改善はたしかに付随的な効果ではあるが、目標は労働生産性の向上であり、ひいては(集合的な消費財の調達と労働力の質的向上による)資本の「使用価値」の向上である。

正統化システム

市場機能の弱点があらわになり、この制御メカニズムの機能不全の結果生ずる効果があらわれてくると、公正な交換というブルジョワ・イデオロギーの根幹をなすイデオロギーも崩壊する。このように経済システムが政治システムへフィードバックされると、生産関係はある意味で再政治化されるが、別の角度から見るならば、それは正統化の需要を高めることになる。すなわち、国家装置は、――自由主義的資本主義におけるように――もはや再生産過程が存続するための前提条件という意味での一般的な生産条件だけを保証するにとどまらず、率先してそうした再生産過程に介入するのであって、そのため資本主義以前における国家のように正統化されなければならない。しかし、いまや国家装置には、資本主義が発展するなかで掘り崩され使い古されてしまった伝統のストックに手をつける可能性は残されていない。そのうえ、ブルジョワ・イデオロギーという普遍主義的な価値体系をつうじて、国民の権利、なかでも政治的選択に参加する権利が普及した。そのため、普通選挙のしくみに依存しない正統化の調達は、非常事態が生じた場合に一時的にできるにすぎない。これによって生じる問題は、形式的なデモクラシーの制度によって解決される。政治的意志形成過程への国民の参加、すなわち実質的なデモクラシーは、行政によって社会化された生産と相も変わらぬ剰余価値の私的な取得および使用との矛盾を自覚させずにはおかないだろう。この矛盾が主題とならないようにするために、行政システムは、正統化の機能を果たす意志形成にたいして十分な自律性を保っていなくてはならない。

形式的デモクラシーの制度と手続きは、国民のいだいているなんらかの動機にほとんど依存しないで行政が決定をくだせるように編成されている。それは、一般化された動機、すなわち内容的にとりとめのない大衆の忠誠を調達するが、しかし彼らの参加は回避する、という正統化過程によっておこなわれる。(5) 市民的公共圏の構造変動は、それ自体としては政治的である社会の只中で国民が喝采による拒否権をもつ受動市民の地位を占める形式的デモクラシーの制度と手続きが適用されるための条件をつくりだす。(6) 私的自治にもとづく投資の決定は、国民公衆の国民的な私生活主義をその必然的な補完物とするのである。

構造の面から見て脱政治化された公共圏においては、正統化の需要は収縮し、二つの欲求が残る。まず、国民の私生活主義、すなわち出世志向、余暇志向、消費志向(一三六頁以下を参照せよ)と結びついた政治的な権利放棄は、(金銭、労働から解放された時間、安全というかたちでの)それに見合った体制《システム》順応的な補償への期待をあおる。これを、教育制度に転用された業績イデオロギーの構成要素をも取り込んだ福祉国家的な代替プログラムが斟酌する。(7) つぎに、構造的な脱政治化そのものが正当化を必要とする。この役割を果たすのは、シュンペーターやマックス・ヴェーバー(8) にはじまるデモクラシーのエリート理論、あるいは〔一九〕二〇年代の制度主義にさかのぼるテクノクラシー的システム理論である。(9) 市民的《ブルジョワ》な社会科学の歴史において、こうした理論がこんにち果たしている機能は、資本主義的な経済社会の「自然性」を示唆した〔アダム・スミス等の〕経済学の古典的な学説が資本主義的発展の初期段階において果たした機能に類似している。

階級構造

伝統的社会においては生産関係が政治的形態をとっていたために、支配集団は難なく特定することができたが、自由主義的資本主義においては、あからさまな支配は私法主体による政治的には匿名の権力にとってかわられる（もっとも、経済的な危機によってひき起こされた社会的な危機においては、ヨーロッパの労働運動戦線が示しているように、これらの主体は再び政治的敵対者と特定できる形姿をとるようになる）。ところで、組織資本主義の生産関係はたしかにある意味で再び政治化されるが、しかしこれによって政治的形態をとる階級関係が再びつくりだされるわけではない。むしろ、階級支配の政治的匿名化よりも社会的匿名化のほうが上回ってくる。いいかえれば、後期資本主義のさまざまな構造は特異体質のようなそれ特有の危機にたいする反応のさまざまな形態〔3〕として理解することができるのである。体制《システム》危機を防ぐため、後期資本主義社会は社会統合の力のすべてを構造的に最も紛争が起こりやすい地点に誘導し、それによって紛争をより効果的に潜在化させ[10]、同時に修正主義的な労働者政党の政治的要求を満たすのである[11]。

これとの関連で、使用者組織と労働組合組織との交渉によって決まるある意味で政治的な賃金構造が、歴史的に見れば、画期的な役割を演じている。寡占市場では「権力による価格形成」(W・ホフマン)が価格競争にとってかわるが、労働市場でもそれに対応する現象が見られる。巨大コンツェルンが販売市場において価格変動を行政さながらに統制するように、巨大コンツェルンは他方で賃金変動をめぐって労働組合を相手にある意味で政治的な妥協をめざす。経済発展にとって中心的な役割を演じる独占セクターと公的セクターの産業部門においては、労働力商品は「政治的」な価格をもつようになる。「賃金交渉のパートナー〔労使〕」は、増大する要因費用を価格に転嫁することができ、国家にたいする要求(生産性の向上、労働力の質的向上、労働者の社会的立場の改善をめざす要求)が中期的にはおさまりがつくため、広範な妥協の余地があることになる[12]。独占セクターは階級対立をいわば外部化することができるわけである。もともと紛争多発地帯だったところがこのように紛争に慣れてしまった結果生じるのは、①不均等な賃金の上昇と公共サービスにおける労使間の賃上げ闘争の激化またはそのいずれか[13]、②未組織就業者やその他の周辺的な集団にとって不利な所得の一時的な再分配をともなう持続的なインフレーション、③公的な貧困、すなわち公共の交通網、学校制度、住宅建設制度、医療制度の貧窮化をともなう国家財政の持続的な危機、④セクター別（農業）でも地域別（辺境地域）でも不均衡な経済発展の不十分な調整、である。[14]

　第二次世界大戦から数十年のあいだ、資本主義の最先進諸国では中核となる領域において階級対立を（パリの〔一九〕六八年五月事件にもかかわらず）潜在化させることに成功してきた。景気循環を時間的に引き延ばし、周期的におとずれる資本の価値低下の衝撃をゆるやかな景気変動をともなう持続的なインフレーションの危機へと変換し、ついには封じ込まれた経済的な危機がもたらす機能不全の結果生じる効果を広範囲に濾過して、集団に準ずるもの（消費者、生徒と親、交通機関の利用者、患者、高齢者など）や組織化の度合いの低い自然的集団をつうじて分散させるのに成功してきたのである。それによって階級の社会的同一性《アイデンティティ》は解消され、階級意識は断片化される。後期資本主義の構造に取り込まれた階級間の妥協は、（ほとんど）すべてのひとを一身にして協力者でありかつ被害者にする。もっとも、資産価値と権力が歴然と（そしてますます）不均等に分配されるようでは、一方の側に属するのはだれで、もう一方の側に属するのはだれなのかははっきりと区別しなければならない。

自由主義的資本主義において形成された階級構造が、ひいては社会的な組織原理が、階級間の妥協によって変化したのかどうか、変化したとすればどのようにしてなのかという問いは、社会システムのレベルで稀少性の原則や貨幣メカニズムがどのような役割を果たしているのかという観点から探究することはできない(15)。というのも、資本主義でおこなわれている土地や労働の金銭化や、「これまで貨幣形態をうけつけなかった使用価値や生活領域の金銭化の進展」は、交換が社会的諸関係の支配的な制御メディアであることを示す決定的な指標ではないからである(16)。使用価値を求める政治的な断固たる要求は、たとえ金銭的な補償で満足するとしても、商品という形態は避けるものである。階級構造にとって決定的なのは、従属的労働者の実質所得が依然として交換関係にもとづいているのか、それとも、剰余価値の生産と取得は市場メカニズムのみに依存しているのではなく、政治的な権力関係によって制限され変更されるのかどうかという点である。後期資本主義の理論は、以下の諸問題の解明を試みなくてはならない。

まず、

・後期資本主義の諸構造は、〔私的利益という〕普遍化することのできない目標のために生産が社会化されるという矛盾を進化しつつみずから止揚する余地を提供するだろうか。

- 提供するとすれば、この方向に向かうのはどのような発展のダイナミズムか。
- 提供しないとすれば、一時的に抑え込まれているが、解消されてはいない階級間の敵対関係はどのような危機傾向のなかにあらわれるのだろうか。

つぎに、

- 後期資本主義の諸構造は、経済的な危機を長期にわたってくいとめるのに十分だろうか。
- 十分ではないとすれば、経済的な危機は、マルクスが予期したように、社会的な危機をへて政治的な危機へといたるのだろうか。いいかえれば、世界規模の革命的な階級闘争は起こりうるのだろうか。
- 起こりえないとすれば、経済的な危機はどこに置きかえられるのか。

最後に、

- 置きかえられた危機はシステム危機という形態を保持しているのか、それとも、われわれはさまざまな危機が相乗作用するのを覚悟しなければならないのか。

・後者が正しいとすれば、どのような危機傾向が、どのような社会集団において、逸脱行動というかたちに転換するのだろうか。

・予期されるアノミーの潜在力は目標志向的な政治的行為を許容するだろうか、それとも、それはむしろ部分システムの無方向な機能障害へといたるだろうか。

後期資本主義の自己変換の見通しの問題について十分納得のいくような議論をおこなって決定をくだす可能性は、目下のところわたしには見えていない。しかしわたしは、資本の価値増殖への重圧のなかで主張される矛盾した制御への要請が他の一連の危機傾向をうみだすというかたちでしかないにせよ、経済的な危機は持続的に抑え込まれるかもしれないという可能性を排除しない。資本主義の成長を攪乱する傾向は存続してゆくが、これを行政をつうじて処理し、政治システムをへて社会文化システムへと段階的に置きかえることはできるだろう。わたしの考えでは、これによって《特殊な目標〔私的利益〕のための生産の社会化》という矛盾がそのまま再び政治的な形態をとることになる——もっともそれは政治的な階級闘争という形態ではない。後期資本主義における政治は、システム危機に手をくわえて抑え込むという基礎のうえでおこなわれるのであるから、階級間の妥協の合意を変更することのできる論争は、階級意識の断片化がすすみ政党同士の連合がめまぐるしく変わるなかで恒常化する。そこでは、階級構造が軟化するのかどうか、軟化するとすればどの程度軟化するのか、また資本主義的な組織原理そのものに根ざした矛盾が影響をこうむるのかどうか、影響をこうむるならどの程度そうなるのか、といった点は実際の権力の形勢に左右されるのである。

わたしはまず、後期資本主義においてありうべき危機傾向の抽象的な分類を提示することにしたい。

第二節　後期資本主義的成長から帰結する問題

後期資本主義社会の急速な成長の過程は、世界社会のシステムにさまざまな問題を突きつけている。これらの問題をシステムに固有の危機現象と理解することはできないが、それでも危機に対処する可能性の範囲はそれぞれのシステムごとに区切られている。ここでわたしが念頭においているのは、生態系のバランスの攪乱、パーソナリティ・システムの一貫性の要求への毀損(疎外)、そして国際関係の負荷の爆発的な増大である。複雑性の増大にともなって、世界社会のシステムは境界を環境のなかへとずらし込み、その結果として外的自然と内的自然の受容能力の限界に突きあたる。生態系のバランスは成長の絶対的な限界を示している。これにくらべると、人間学的バランスの限界は明瞭ではないが、社会システムの社会文化的なアイデンティティの変化という代償を支払う以外には踏み越えることのできない限界を示している。最後に、国際的バランスの自己破壊的な危険性は、破壊的に使用できる生産力の成長から帰結する問題である。

生態系のバランス

経済成長は、抽象的に表現するなら、人間労働の生産性を向上させるために技術的な情報にもとづいてエネルギーをより多く使用することから生じているとすれば、経済成長の問題をみごとに解決したという点で資本主義的な社会構成体は際立っている。資本蓄積にともなって経済成長は自然発生的に制度化されたため、この過程を自覚的に制御するという選択肢はいままでのところもちろん存在しない。その間、資本主義が何よりもまずしたがってきた成長への要請は、体制間の競争と地球全体への拡散をつうじて(第三世界のいくつかの国での停滞や、それどころか後退傾向にもかかわらず)[17]地球規模でものをいうようになった。

成長メカニズムが確立されることによって、いやおうなく全世界にわたる人口増加と生産向上がうながされる。人口の増加による経済的需要と自然の生産的活用の増大には二つの物質的な限界量が立ちはだかる。ひとつは、有限な資源(耕作や居住ができる土地の面積、真水、食料品、さらに鉱物や燃料のような再生不可能な原料)、もうひとつは、放射性廃棄物や二酸化炭素、廃熱などの有害物質を吸収する代替不可能な生態系システムである。もちろん、人口、工業生産、自然資源の活用、そして環境汚染の指数的な増加の限界についてのフォレスターやその他のひとびと(18)による評価は経験的な根拠がまだかなり薄弱である。人口増加のメカニズムは、最も重大な有害物質についてすら土壌が最大限吸収できる能力の限界が知られていないのと同じように、よく知られていない。そのうえわれわれは、将来どの原料が技術的に代替可能になるのか、あるいは再生可能になるのかを知るのに十分なほどテクノロジーの発展を予見することはできないのである。

　しかしながら、楽観的な仮定にもとづく場合ですら、なんらかの絶対的な成長の限界を主張することはできる(当分のあいだまだ厳密な算定はできないとしても)。それは、エネルギー消費によって生じる熱が環境にかける負荷の限界である(19)。経済成長がエネルギー消費の増大と必然的に結びついているとすれば、そして経済的に利用可能なエネルギーへと転換された自然エネルギーのすべてが――しかも輸送や変換にあたって失われる分だけでなくエネルギーの総量が――最終的に熱として放出されるとすれば、エネルギー消費の増大は長期的には地球の温暖化をもたらさずにはいない。危機的な期間の幅を突きとめるには、経済成長にともなうエネルギー消費とその環境への影響を算定しなければならないので(現在の知識水準によれば、危機的な期間はおおよそ七五年から一五〇年となる)、これはこれで経験的に明らかにするのも簡単なことではない。いずれにしても、こうした考察は、人口と生産の指数的増加は、すなわち外的自然にたいするコントロールの拡張は、いつの日か環境の生物学的な受容能力の限界に突きあたらざるをえないということを示している。

このことは複雑な社会システムのすべてに満遍なくあてはまる。それぞれの体制《システム》に固有なのは、生態系の危機を抑え込む可能性の幅である。資本主義社会は、その組織原理を犠牲にしなければ成長の限界づけという要請にしたがうことはできない。なぜなら、自然発生的な資本主義成長から質的成長への転換は、使用価値志向型の生産計画を必要とするからである。生産力の発展は、少なくともシステムの論理に違反しなければ、交換価値の生産という要請から解き放たれることは不可能である。

人間学的バランス

内的自然の統合は、外的自然の社会化過程とは異なり、絶対的限界に突きあたることはない。生態系のバランスの攪乱は自然資源の利用の度合いを示しているが、パーソナリティ・システムの受容能力の限界を疑問の余地なく示す信号は存在しない。社会化過程を内部から制限する人間本性の心理学的定数のようなものを特定することができるのか、そもそも疑わしいとわたしは思っている。とはいえ、これまで社会システムがそれをつうじて行為の動機づけ《モチベーション》をうみだしてきた社会化の様式にはある制限があるとは思う。社会化過程は、言語的な間主観性の構造のなかで進行し、正当化を必要とする規範ならびにアイデンティティを保証する解釈体系と結びついた行動組織を規定する。このコミュニケーション的な行動組織は、決定をくだすシステムにそなわる高度な複雑性にとって障害になることもある。制御能力は、個々の組織でそうであるのと同様に、社会システムの水準においても、決定機関が成員の動機づけから機能的に独立するほどおそらく増大するだろう。高度な固有の複雑性をそなえたシステムにおいては、組織目標の選択と実現は、狭い範囲に限定された動機の供給から独立していなくてはならない。それに役立つのは、あまねく行き渡った同意しようとする風潮の調達である（これは政治システムにおいては大衆の忠誠というかたちをとる）。内的自然をコミュニケーション的な行動組織につなぎとめておくような社会化の形態を問題とするかぎり、たとえ完全にではなくおおよそであれ、動機を欠いたまま決定を受容することを保証するような行為規範の正統化は考えられない。すなわち、内容的にまだ明確になっていない決定権力に同調しようとする動機が生まれるのは、この権力が正統な行為規範に合致して行使されるだろうという予期からである。したがおうという風潮への「究極的」な動機が生まれるのは、疑念が生じた場合にはわたしは討議《ディスクルス》によって自分を納得させることができるという確信からである(20)。このように規範が正統化を必要とするということや、動機が説得力ある解釈に依存しているということによって画された制限を突破することができるのは、動機の調達がコミュニケーション的な行為構造から引き離される場合だけであろう。その場合には、社会化の形態、ひいては社会文化システムの同一性《アイデンティティ》そのものが変化せざるをえないだろう。行為の動機がもはや正当化を必要とする規範を媒介としなくなり、パーソナリティ構造がもはやアイデンティティを保証する解釈体系のもとでみずからの統一性を見出すことを必要としなくなれば、そのときはじめて決定への動機なき受容は非難を浴びることのないおきまりの事柄となり、[21] したがって同調の風潮は思いのままに醸成されうるだろう(後期資本主義社会において、いまや到達した固有の複雑性の水準によって、コミュニケーション的な行動組織の解体がすでにいやおうなくひき起こされたのかどうかという問題にかんしては、第三章でたちかえることにする)。

国際的なバランス

熱核兵器〔水素爆弾〕の使用による世界システムの自己破壊という危機がまた別のレベルにある。人類を全滅させるに足る潜在力《ポテンシャル》の蓄積は、技術的に中立的な基礎のうえに立っているため破壊力という形態もとることができる(そして国際関係の自然発生性のためにそうなってしまった)生産力が高度な発展段階に達した帰結のひとつである。軍事的な行為システムにおいては、各当事者は相互に相手を外的自然という観点から対象化する。生死を賭けた組織的闘争においては、相手を肉体的に殲滅するのは最後の手段である。こんにちはじめてこれらのシステムは、世界社会の自然的基盤に致命的な損害をあたえることができるほどの射程をもつ技術的ポテンシャルを意のままにしている。これ以後、国際関係は自制という歴史上新たな要請のもとにある。[22] このことは高度に軍事化されたあらゆる社会体制《システム》に満遍なく妥当するが、こうした問題を処理する可能性にも各体制《システム》に固有の限界がある。資本主義的階級社会やポスト資本主義的階級社会の推進力を考慮に入れるならば、実効性のある軍縮はたしかにありそうもない。けれども国家による非生産的な消費財需要の受容能力の効果を低下させ、資本の使用価値の向上によって均衡をはかることにもし成功するとすれば、軍拡競争の規制は、後期資本主義社会の構造と端《はな》から両立できないというわけではない。

第三節　ありうべき危機の傾向の分類

資本主義的成長の余波である地球規模の脅威は脇において、システムに固有の危機の傾向に議論をしぼろう。危機はさまざまな場所で発生しうるが、それと同様に、危機の傾向が政治的爆発に、すなわち既存の政治システムの正統化の喪失にまでいたる現象形態もやはりさまざまである。わたしの見るところでは、四つの危機の傾向がありうる（次頁の表を参照）。

経済的な危機の傾向

発生場所	システム危機	アイデンティティの危機
経済システム	経済的な危機	——
政治システム	合理性の危機	正統化の危機
社会文化システム	——	動機づけの危機

経済システムは労働と資本の入力を必要とする。出力は消費可能な価値であり、量と種類に応じて一定の期間をへて社会諸階層に分配される。入力の不十分さに起因する危機は資本主義的な生産様式に特有のものではない。自由主義的資本主義で生じた攪乱は出力の危機であり、これがシステム順応的な価値の分配を危機循環によってくりかえし脅かしてきた。ここで「システム順応的」という語が意味しているのは、正統化をおこなう価値体系の変動の余地において許容された負担と補償のあらゆる分配のモデルである。経済的な危機の傾向が後期資本主義においても存続しているとすれば、それは、価値増殖過程に介入する国家の行為が交換過程に劣らず、自然発生的にはたらく経済法則にしたがっており、そのため利潤率の傾向的低下の法則〔4〕に表現されている経済的な危機の論理にしたがっていることを意味する。このテーゼにしたがえば、国家は他の手段をもって資本の政治を継続していることになる。(23)（国家財政の危機や持続的なインフレ、公的貧困と私的富の不均衡の増大などのような）現象形態の変化は、価値増殖過

程の自己制御がいまや制御メディアとしての正統な権力をも媒介としているという事情から説明される。しかし、危機の傾向は依然として価値法則によって、すなわち賃労働と資本の交換の構造的に強制された非対称性によって規定されているので、国家活動は利潤率の低下傾向を埋め合わせることはできず、せいぜいこれを媒介すること、すなわちそれを政治的手段によってみずから実行することができるにすぎない。したがって、経済的な危機の傾向もまた社会的な危機を経由して進行し、資本所有者と賃金に依存する大衆との階級対立が再びあらわになる政治的闘争へといたるだろう。また別の見解にしたがえば、国家装置は自然発生的に価値法則の論理にしたがうのではなく、団結した独占資本家たちの利益を意識的に擁護する。後期資本主義におあつらえ向きのこの代理理論は、国家を価値増殖過程のための無分別な機関ととらえるのではなく、資本蓄積を政治的な計画化のなかに取り込む力をもつ総資本家ととらえるのである。

政治的な危機の傾向

政治システムは、できるだけ拡散されたかたちでの大衆の忠誠の入力を必要とする。出力は、主権にもとづいて貫徹される行政的決定である。出力の危機は、合理性の危機、というかたちをとる。すなわち、行政システムといえども、経済システムから受けとるさまざまな制御の要請を共存させ満たすことには成功しないのである。入力の危機は、正統化の危機というかたちをとる。すなわち、正統化をおこなうシステムは、経済システムから受けた制御の要請を実行するさいに必要な水準の大衆の忠誠を維持することに成功しないのである。いずれの危機の傾向も政治システムにおいて生じるが、これら二つはその現象形態によって区別される。合理性の危機は位置を変えたシステム危機であり、これは経済的な危機のように、普遍化することのできない利益のために生産を社会化するという矛盾を制御の要請同士の矛盾として表現する。危機の傾向は、国家装置の解体を経由して正統化の取り下げへと変化する。これに反して正統化の危機は、端的にアイデンティティの危機である。これはシステム統合を危うくするという道をたどらない。それは、国家が計画化の任務を果たすことによって、脱政治化された公共圏の構造が疑問視され、ひいては私的自治にもとづいた生産手段の処分権を形式的デモクラシーによって保護することが疑問視されることによって生じるのである。

合理性の危機という語を厳密な意味で用いることができるのは、それが経済的な危機のかわりにあらわれている場合だけである。そこでは、価値増殖の問題の論理は、異なる制御メディア、ほかならぬ正統な権力という制御メディアのなかに反映されるだけではなく、むしろ相互に矛盾する制御の要請が市場交換から行政システムへと置きかえられることによって危機の論理そのものも変化する。こうした主張は、二つのかたちで論じられている。ひとつは、市場交換のなかに組み込まれた商品生産の無秩序というよく知られたテーゼから論を説き起こしている(24)。後期資本主義においては、一方では、資本の価値増殖を確保するために行政的計画の需要が増大するが、他方では、私的自治にもとづいた生産手段の処分権が国家による介入の制限を要求し、相互に矛盾する資本主義的な個別利害を計画にしたがって調整することを禁じる。もうひとつは、オッフェ(25)〔ドイツの政治学者・社会学者（一九四〇―　）。ハーバーマスのもとで博士号を取得〕によって展開されている。自己封鎖的な経済システムの弱点を補い、市場を補完するという課題を引き受けることによって、国家は、自身の制御手段の論理をつうじてますますシステム外的な要素を許容せざるをえなくなる。行政によって制御される領域においては、価値増殖の要請によって制御される経済システムの問題を引き受け処理するとなると、構造とは無関係の方向へ広がってゆくことになるのである。

行政の合理性の不足とは、国家装置は所与の境界条件のもとでは経済システムのための積極的な制御機能を十分発揮することができないということである。正統化の不足とは、行政的手段によっては、正統化にとって効果的な規範的構造が必要な程度に維持したりつくりだせないということである。政治システムは、資本主義の発展過程において、経済システムのみならず社会文化システムのなかにまでみずからの境界を押し広げてきた。組織合理性が拡張して文化的伝承に浸透し、その伝承の力は奪われつつある。残されている伝統そのものは、行政の介入のおよばないところにある。正統化にとって重要な伝統を行政の手で再生することはできない。それにくわえて、文化的問題を行政的に処理することは、これまで政治システムの文化的な境界条件をなしてきた伝統の牢固たる意味内容や規範が公共の議論の主題になるという副産物的な効果をともなう。これによって討議による意志形成の領域が拡張されるが、それは、脱政治化された公共圏の存続にとって重要な構造を揺るがすような過程なのである。

社会文化的な危機の傾向

社会文化システムは政治システムと経済システムから入力されたものを受けとる。購買可能で集合的に需要のある財やサービス、法的行為や行政行為、治安や社会保障などがそれである。政治システムと経済システムの二つのシステムの出力危機は同時に社会文化システムの入力障害であり、これが正統化の取り下げに転ずる。これまで挙げてきた危機の傾向は社会文化システムを経由してはじめて勃発しうる。というのも、およそ社会というものの社会統合はこのシステムの出力に依存しているからである。すなわちそれは、直接的には、社会文化システムが政治システムにたいして正統化というかたちで供給する動機づけに依存しており、間接的には、専門教育制度と雇用制度にたいして供給する業績志向への動機づけに依存しているのである。社会文化システムは、(経済システムとは異なり)みずからへの入力を自分で調達することはないので、(社会文化的な原因による)入力危機は起こりえない。この領域で生じる危機はつねに出力危機である。規範的構造がそれに内在する論理によって変化した結果、一方における国家装置と雇用制度の要求、他方における社会成員によって解釈された欲求と正統な予期、この両者の相互補完性が妨げられる場合には、文化的な危機の傾向があらわれてくると考えておかなければならない。正統化の危機は政治システムにおける変化によって(規範的構造に変化がない場合でも)正統化の調達が追いつかないほどの正統化の要求が生じることに原因があるのにたいして、動機づけの危機は社会文化システムそのものが変化した結果として生じるのである。

後期資本主義においては、そうした傾向は、文化的伝承（道徳体系、世界像）の水準においても、専門教育制度（学校や家族、マスメディア）の構造変動の水準においても、はっきりとあらわれている。だから自由主義的資本主義の時期に国家や社会的労働のシステムがあてにしていた伝統のストックは使い果たされてしまい（伝統主義のクッションはむき出しになり）、ブルジョワ・イデオロギーの核心部分は疑わしいものになっている（国民的な私生活主義と家族的・職業的な私生活主義の脅威）。他方で、ブルジョワ・イデオロギーのそれ以外の部分（科学信仰、アウラなきあとの芸術、普遍主義的な価値体系）は、機能不全を起こした規範的枠組みを形成している。後期資本主義は、みずからが満たすことのできない「新しい」欲求をうみだしている[26]。

後期資本主義においてありうべき危機の傾向についてわれわれが示してきた抽象的な概観は、分析上の目的のためのものである。後期資本主義社会は、そもそも資本主義に内在する危機にたいする脆弱さを克服してこなかったとすれば、ありうべき危機の傾向のなかの少なくともひとつに脅かされているというのがわたしの主張である。資本主義システムの根本的矛盾は、他の事情が等しければ、以下のいずれかにいたりつく。

危機の傾向	説明案
経済的な危機	①価値法則の自然発生的な執行機関としての国家装置 ②団結した「独占資本家」の計画化代理人としての国家装置
合理性の危機	③相互に対立する資本主義的な個別利害による行政的合理性の破壊 ④存続に必要なシステム外的な構造の産出による行政的合理性の破壊
正統化の危機	⑤システムの境界と ⑥意図せざる結果としての効果(政治問題化)による文化的伝承への行政の介入
動機づけの危機	⑦存続にとって重要な伝統の腐蝕 ⑧普遍主義的な価値体系による過剰要求(「新しい」欲求)

- 経済システムは必要な程度の消費可能な価値を生産しない、あるいは
- 行政システムは必要な程度の合理的な決定をもたらさない、あるいは
- 正統化システムは必要な程度の一般化された動機づけを調達しない、あるいは
- 社会文化システムは必要な程度の行為を動機づける意味をうみださない。

「必要な程度」という表現は、それぞれのシステムの成果(価値、行政的決定、正統化、意味)の規模、質、時間的次元に関係している。そのさい、同一のシステムの成果における個々の次元のあいだに、また、さまざまなシステムの成果の

あいだに代替関係が生じることは排除されていない。部分システムの成果は十分に操作できるようにされ分離されうるのかどうか、またシステムの成果にとって決定的な需要の詳細を十分にとらえることができるのかどうかというのは、別の問題である。こうした課題は、実際的な理由から解決は困難かもしれない。だが、原理的な理由から解決不可能であるのは、社会進化の理論枠組みのなかで発展水準を確定し、このようにして、どこまでであればアイデンティティを保証することができるのかという社会システムの目標状態の変動の限界を確定できない場合だけである(27)。

もっとも、同一のマクロ的現象がさまざまな危機の傾向のあらわれでもありうる。危機についてのひとつひとつの主張はどれも、それがあたっているならば、ありうべきなんらかの危機事例にとっての十分な説明となる。しかし、実際の危機事例を説明するにあたっては、いくつかの主張を補い合わせることができる。わたしが分析の完全性を主張するのは危機の傾向についてだけであって、説明上の主張のリストについてではもちろんないが、そのリストについて以下で手短に論じておきたい。

第四節　経済的な危機の定理について

自由主義的資本主義の時期でも、市場は社会統合という意味での社会化の機能を独力で担っていたのではない。階級関係が賃労働と資本の非政治的関係というかたちをとることができたのは、資本主義的生産が存続する一般的な前提が国家によって満たされるという条件があればこそであった。市場メカニズムに従属しない市場補完的な国家機能だけが、社会的に生産された剰余価値の私的取得をつうじて非政治的になされる支配を可能にする。資本形成は（まずもって）個別資本のあいだの無制約な競争をメディアとしておこなわれるが、こうした競争の枠組みをなす条件は、いいかえれば剰余価値の生産のための社会的基礎そのものは、資本主義的手段によって再生産することはできない。そのために必要となるのが国家であり、国家は、非資本家として強制力をもって個々の資本家たちに対峙し、これによって競争の領域においては形成できない「総資本家の意志」を代理的に貫徹する。非資本主義的な手段という点から見れば、国家は資本主義的生産を制限している。国家の機能という点から見れば、国家は資本主義的生産の存続維持に奉仕している——国家が経済を補完しているかぎりでのみ、国家は経済のための道

具でありうる。(28)

　こうした見解は後期資本主義における国家装置についても主張されている。(29)　このテーゼにしたがえば、こんにちでは、国家はたしかに生産の一般的な条件を満たすことにその機能を限定することはもはやできず、再生産過程そのものに介入しなければならない。すなわち、活用されていない資本の価値増殖の条件をつくりだし、資本の使用価値を改善し、資本主義的生産の外部費用と事後費用がふくらむのをくいとめ、成長を阻害する不均衡を調整し、社会政策、租税政策、景気対策をつうじて経済全体の循環を規制するなどである。しかし、国家の介入は、総資本の意志を代理的に貫徹する非資本家が価値増殖をはかる道具のはたらきであることにはかわりはない。

　正統派の立場から見れば、後期資本主義の国家も、無政府的な商品生産の自然発生性をまったく廃止していないかぎりでは、「理念的な総資本家」(エンゲルス〔大内兵衛訳『空想より科学へ』岩波文庫、八三頁〕)でありつづけている。国家は資本主義的生産を制限するが、総資本の計画機関という意味でこれを意のままにするのではない。もちろん、介入主義的な国家は、自由主義的な国家とは異なり、再生産過程に入り込んでいる。したがって、国家は生産の一般的な条件を確保するだけでなく、国家自身が価値法則の執行機関のようなものとなる。

国家活動は、価値法則の自然発生的なはたらきを廃止しない。国家活動はむしろ価値法則にしたがうので、行政活動は長期的に見れば経済的な危機を尖鋭化させさえするのである[30]。マルクスが同時代のイギリスにおける労働者保護立法を例にとって示したように、階級闘争は賃金労働者の利益をまもるための法的規制につながることもありうるものの、やはりこれも「資本の運動の契機[31]」にとどまるのである。

　市場機能を国家機能によって代替したとしても、経済過程総体が意識的に営まれるものではないという性格に変化が生じるわけではない。それは国家による操作の余地が狭く限定されていることにあらわれている。国家は、資産構造に実質的な介入をおこなうために「投資ストライキ」をひき起こすことなどできないし、蓄積過程で周期的に生じる撹乱、すなわち内的要因によってうみだされる停滞傾向を持続的に回避することにも成功しない。それどころか危機の先送り、すなわち公的財政の慢性的な赤字やインフレーションの効果的なコントロールもうまくいかない。

　こうした見解にたいする概括的異議は、階級構造は変化したのかどうか、変化したとすればどのように変化したのか、という問いは経験的にしか答えることのできない問いであるから、それを分析のレベルであらかじめ決定しておくことは許されない、というものである。価値論の概念戦略を絶対化してしまうと、経済的な危機の理論はできるはずの経験的検証を免れてしまう。実際マルクスも、資本形成の運動法則を経済学的に分析することによって、〔政治的対立や国家装置の機能をふくむ〕社会全体のシステムの危機をはらんだ発展モデルを把握するというみずからの主張を、階級支配の行使は賃労働と資本との交換という非政治的なかたちをとるという指摘によってしか根拠づけることができなかった。けれども、正統な支配の維持という社会統合の機能が、市場によるシステム統合の機能と時代遅れになってしまった資本主義以前からの伝統の名残によってはもはや果たしえなくなり、その機能が再び政治システムにゆだねられてからというもの、〔非政治的な階級支配という〕このありえないような情勢は変化した。国家活動は危機回避をめざすシステム制御という宣言された目標を追求し、そのために階級関係は非政治的な形態を失ったので、階級構造は、行政によって媒介された社会的生産物の増加分の分配をめぐる闘争のなかで維持されざるをえない。それゆえ、階級構造は、いまでは政治的対立によって直接に影響をこうむることもありうるのである。こうした状況では、経済過程をもはや自己調整的な経済システムの運動として内在的に把握することはできない。価値法則は、自由主義的資本主義においておおよそ満たされていた、階級支配が非政治的に行使されるという条件のもとでのみ、交換過程の二重の性格を（制御過程と搾取過程として）あらわすことができた。しかし、どのようにして、またどの程度、経済過程をつうじて権力が行使され搾取が確保されるのかは、こんにちではもはや自動的に機能する労働市場のメカニズムによってはあらかじめ決定することのできない具体的な権力の形勢に左右される。こんにちでは国家は、生産様式が存続するための前提条件に関連づけて説明することもできなければ、資本の内在的運動から導き出すこともできない機能を果たさなければならない。こうした運動は、もはや価値論によってとらえることのできる市場メカニズムをつうじて生じているのではなく、依然として旺盛な経済的な推進力と、生産関係の置きかえをあらわしている政治的な対抗手段との両者の力の合成なのである。

この置きかえをより精確にとらえることができるようになるには、経済システムの要請に関係するかぎりでの国家活動を四つのカテゴリーに分析的に区別することが有意義であると思われる。

(1)生産様式を構成しそれを維持するには、以下のような存続のための前提条件を実現しなければならない。国家は所有と契約の自由という中核的制度をふくむ私法体系を保証する。国家は結果として生じる自己破壊的な効果から（たとえば標準労働日の導入、反カルテル立法や通貨制度の安定化をつうじて）市場機構を保護する。国家は（学校教育や輸送、交通のような）経済全体にかかわる生産の前提条件を満たす。国家は（たとえば通商政策や関税政策をつうじて）国内経済の国際競争力が向上するようにうながし、対外的には国家統合を軍事的に維持することによって、対内的には反体制勢力をなかば軍事的に抑圧することによって、自己自身を再生産する。

(2)資本の蓄積過程は、企業組織や競争、資金調達などの新たな形態に（たとえば銀行法や会社法における新たな法的取り決めの整備や、租税制度の操作などをつうじて）法制度が適応することを要求する。そのさい、国家の機能はその力学にいかなる影響もおよぼすことのない過程への市場補完的な適応に制限されているので、社会的組織原理も階級構造も手つかずのままである。

(3)これと区別されるべきなのは国家の市場代替的な行為である。これは、他のものとは無関係に生じた経済状況を法的に考慮するのではけっしてなく、経済的な推進力の弱い点に反応して、もはや経済的な推進力に固有の力学にゆだねられない蓄積過程の継続を可能にし、それによって、投資機会の創出や改善（非生産的な消費財にたいする国家需要)をつうじてであれ、(科学と技術の進歩の国家的組織化や労働力の職業的資格付与などによる)剰余価値の生産形態の変化をつうじてであれ、新たな経済状況をつくりだす。いずれの場合も社会的組織原理が手つかずではないのは、システムにとっては異質な公的セクターの成立が示すとおりである。

(4)最後に、国家は、個々の資本群の内部、あるいは組織労働者や他の組織力ある集団の内部で、政治的に貫徹することのできる反応をひき起こした蓄積過程の機能不全的な帰結を補償する。そこで国家は、一方では、民間企業の外部化された事後費用(たとえば環境破壊による)を引き受けたり、危機に瀕したセクター(たとえば鉱業や農業)の延命能力を構造政策的な措置によって保証する。他方では、従属的労働者の社会的地位を改善するという目標を掲げた労働組合や改良主義政党が要求する規制や介入がある(これは歴史的には、団結権の獲得にはじまり、交渉権、労働権、社会権の改善をへて、教育政策、交通政策、医療政策にまでいたる)。こんにち、「社会的損費」や「社会的消費」[〔5〕]に分類される国家支出[(32)]のはじまりの大部分は、組織労働者が使用価値を志向して政治的に主張した要求にもとづいている[(33)]。

組織資本主義にとって典型的なのは、後半の二種類の国家活動である。ここで提起した分析的区別は、多くの場合、経験的にとらえるのはひどく困難である。というのも、後期資本主義国家は、前半の二種類の課題をもきわめて広範に、しかも国家に新たに生じた課題にたいするのともちろん同じ手法で解決しているからである。だから、通貨政策は現代では国家による総合計画の中核部分をなしているが、国際的な貨幣と資本の流通の保証とそうした流通への対応は生産様式を構成する行為に属するのである。これらの行為を区別する規準は、国家行為の規模や手法ではなく、機能である。われわれのモデルが正しいとすれば、自由主義的資本主義国家は、生産様式が存続するための前提条件を保証し、市場メカニズムを補完するというかたちで、市場によって制御された蓄積過程の要求を満たすために行動を起こす。後期資本主義国家は、たしかにこうした活動をも、しかもより大規模に、より効率的な手法でおこなうが、この課題を解決することができるのは、この国家が同時に市場機能の欠陥を穴埋めし、蓄積過程に介入し、そして政治的に許容できないその帰結を補償する場合だけである。これらの行為において、階級構造の変化にたいするさまざまな反応形態、すなわち相異なる権力形勢が顕在化する。そしてその結果、究極のところで未組織的な労働市場の制度化にもとづいている社会的組織原理も影響をこうむることになるのである。

後期資本主義における生産関係の変化に特徴的なのは、とりわけつぎの三つの展開である。第一に、社会的組織原理に影響をおよぼす剰余価値生産の形態の変化。第二に、階級間の妥協をあらわすある意味で政治的な賃金構造。第三に、状況によっては資本の価値増殖の要求と競合するような使用価値を志向する要求をもちこむ政治システムの正統化の需要の増大。

(1)公的セクターの成立はとりわけ、国家が集合的消費財の生産に配慮し、これを物質的および非物質的社会基盤《インフラ》というかたちで費用をかけずに民間が利用できるようにするということを示す徴候である(34)。この機能で国家は個別資本の使用価値を改善する。というのも、集合的消費財は労働生産性の向上に役立つからであり、価値論的にいえば、この労働生産性の向上は〔生産手段に投下される価値部分である〕不変資本の低廉化と剰余価値率の上昇にあらわれている(35)。資格付与をつうじて人間労働の生産性を向上させる教育制度の国家的組織化にも同様の効果がある(36)。それとともに剰余価値の生産形態も変化した(37)。身体的強制や労働日の延長、低賃金労働力(女性や子ども)の採用などによって絶対的剰余価値を向上させることは、標準労働日の導入に示されているように、自由主義的資本主義においてすら自然的限界に突きあたっていた。そうである以上、相対的剰余価値の上昇はまず、すでに存在している、あるいは外部でうみだされた発明や情報を技術的および人間的な生産力の発展のために利用するというかたちをとっていた。国家による科学と技術の進歩の組織化および制度的に中等教育以上へとすすめられた教育制度の拡張によってはじめて、生産性を向上させる情報、テクノロジー、組織化、資格付与の創造が生産過程そのものの構成要素となる。再帰的労働、すなわち労働生産性を向上させるという目標を掲げて労働そのものに使われる労働は、当初は自然という集合的消費財のようにみなすことができたが、こんにちでは経済循環の内部に取り込まれている。というのも、国家(あるいは民間企業)はいまや、科学者、技術者、教員などの間接的に生産的な労働力を購入し、彼らの労働生産物を先に挙げた種類の費用節減型の消費財に変換するために資本を費やしているからである[38]。教条的な概念戦略にしがみつき、再帰的労働を(マルクス的な意味での)非生産的労働ととらえるならば、こうした労働が価値増殖過程のために果たす特殊な機能は顧慮されないままになる。再帰的労働は、剰余価値の直接的な産出という意味では生産的ではないが、非生産的というわけでもない。というのも、もしそうであれば、剰余価値の生産にとっていかなる正味の効果もないことになるからである。マルクスがしかと見ていたように、「稼働資本の量が一定である場合ですら、そのなかに取り入れられている労働力、科学、土地（土地は経済学的には人間の作為なしに自然に現存している労働対象のすべてと解されるべきである）は、資本の弾力的な力をなすものであり、この力は資本にたいしてある限度内で資本そのものの量には左右されない余地を許容するのである」（『資本論』第一巻、六三六頁〔向坂逸郎訳『資本論』㈢、岩波文庫、一七二頁。強調はハーバーマスによる〕）。しかし彼は、「科学」を「土地」と同じように費用のかからない集合的消費財として扱うことができたので、その生産のために費やされる再帰的労働を固有の生産要素として顧慮する必要がなかった。〔労働力に投下される価値部分であり〕再帰的労働のための所得として支出される可変資本は、間接的な意味で生産的に投資される。なぜなら、それは生産労働から剰余価値が取得されることを可能にする諸条件を体系的に変化させ、こうして間接的により多くの剰余価値の生産に貢献するからである。こうした考察は、第一に、価値論の古典的な基本概念は国家による教育政策、テクノロジー政策、科学政策を分析するうえで不十分であるということ、第二に、剰余価値の生産の新しい形態が利潤率の傾向的低下を埋め合わせることができるかどうか、すなわち経済的な危機に対抗しうるかどうかというのは経験的な問題であるということを示している。[39]

(2)独占セクターにおいては、企業団体と労働組合のあいだの協調が成立し、これによって労働力商品の価格が政治的と呼べるような交渉によって決まることになる。こうした「労働市場」においては、競争メカニズムは国家から正統な権力を委譲された組織間の妥協形成にとってかわられる。こうした労働市場メカニズムの腐蝕はもちろん経済的帰結をともなうが(要素費用の高騰は生産物価格に転嫁される)、これは非政治的な階級関係が廃棄された帰結である。労使間の交渉によって取り決められる「政治的」[40]な賃金制度によって、とりわけ資本集約的で成長率の高い経済部門において、賃労働と資本の対立を緩和し、部分的な階級妥協をもたらすことに成功する。マルクスの見解にしたがえば、組織された市場における権力にもとづく価格形成の分析は価値論の枠組みにおいても原理的には可能である――財はその価値以上の価格で売られることがある、というわけである。しかしその場合には、労働力商品の価格が価値集計の測定単位である。したがって、労働市場におけるある意味で政治的な権力にもとづく価格形成をそれに類するもののように扱うことはできない。というのも、こうした価格形成のほうがむしろ平均的な賃金水準をつうじて価値量を決定するのであり、これを基準にして価値以上の価格で売られる労働力の偏差が測られなければならないからである。労働力の再生産の費用を測るための、文化的規範から独立した規準といったものをわれわれは知らないし、マルクスもそうした規準を出発点にしていない(41)。もちろん、ここでも教条的な概念戦略にしがみついて、平均賃金を労働力の再生産費用と定義上同一視することはできる。しかしそうなると、経済主義的な意味で成功をおさめて労働者階級のなかの最もよく組織された部分に有利なかたちで著しく搾取率を変化させたというただそれだけの理由で、政治的にそして労働組合によって組織された階級闘争はひょっとすると体制《システム》安定化の効果をもたらしたのではないかという、やはりなんといっても経験的な調査研究をおおいに要する問いにたいして、分析のレベルで予断をあたえることになるのである。

(3)最後に、生産関係は、交換関係が行政権力によって代替されることがひとつの条件と結びついているという理由からしても変化したのである。行政が計画を策定するには正統な権力を行使できなければならない。後期資本主義において国家装置が担う機能と行政によって処理される社会的問題の拡大によって、正統化の需要は増大する。そうはいってもなにも謎めいた重大事が問題にされているのではない。正統化の需要は、市場の機能的空白を穴埋めする行政システムのだれの目にも明らかな機能条件から生じるのである。ところで自由主義的資本主義は、市民《ブルジョワ》革命という文脈から説明されることだが、ブルジョワ・デモクラシーの形態で構成された。それゆえ、増大する正統化の需要は、こんにちでは(普通選挙権にもとづいた)政治的デモクラシーという手段によって満たされなければならない。ブルジョワ・デモクラシーを資本主義的な階級支配の上部構造としてしか認めない教条的な概念戦略は、この点でもまた固有の問題をとらえそこなっている。国家がたんなる非政治的な階級関係の上部構造をもはや体現しなくなるにつれて、正統性を調達するための形式的デモクラシーという手段には独特の制約があることが明らかになる。すなわち、こうした状況においては、行政システムは使用価値志向型の要求を利用できる操作手段によって満たさざるをえなくなるのである。資本主義の経済システムがみずからを支えられるイデオロギーを自分自身でうみだしていたあいだは、これに匹敵するような正統化の問題(これが資本の価値増殖の問題解決にとって制約条件を課す)は生じようがなかった。新しい正統化の問題は、あまりにも普遍化されすぎた自己保存という要請にしたがわせることはできない。なぜなら、この問題は正統な欲求の充足を、すなわち使用価値の分配を考慮しなければ解決できないからである。ところが、資本の価値増殖への利害関心はまさにこうした考慮を許さないのである。正統化の問題を資本の価値増殖の問題に還元することはできない。階級間の妥協が再生産の基礎とされたために、国家装置は経済システムにおけるその課題を、形式的デモクラシーの枠内にあると同時に妥当なものとされている普遍主義的価値体系と一致するかたちで大衆の忠誠を確保するという制約条件のもとで果たさなければならない。こうした正統化の重圧は、脱政治化された公共圏の構造をつうじてしか弱められない。構造的に保証された国民の私生活主義がシステム存続にとって必然的であるのは、それにかわる機能的等価物が存在しないからである。これによって危機へおちいってゆく新しい局面が生じてくるが、それは正統派の立場からは感知することはできないのである。

　ある修正主義的な定式を、ドイツ民主共和国〔東ドイツ〕の第一線の経済学者が経済的な危機についての理論にあたえている。〔この東ドイツ版の〕国家独占資本主義の[42][6]理論にはこれまで述べてきた異議はあたらない。なぜなら、この理論は、資本主義の再生産過程に見られる自然発生的な連関は国家独占主義的な計画化によって一時的に断ち切られているという仮説から出発しているからである。経済法則の自然発生的なはたらきに、中枢からの生産装置の操縦がとってかわるというのである。生産の高度な社会化によって、大企業の個別的利害関心と体制《システム》の存続にたいする総資本の利害関心とが収斂され、この収斂は、体制《システム》存続がそれと競合するポスト資本主義社会〔ソ連・東欧等の現存した社会主義社会をさす〕によって、また内部でシステムを超越する力によって、脅かされているだけになおさら進行する。こうして総資本家的な関心が高まり、団結した独占体は国家装置の力を借りてこれを意識的に押しすすめる。この新しい意識の段階に対応するのが資本主義的計画であり、これが投資の決定を市場メカニズムから部分的に「引き離す」というしかたで剰余価値の生産を確保するという。独占体の権力と国家装置の権力との団結ということが公式のように唱えられているが、それはある種の代理理論という意味合いで解釈されている。それによれば、生産を操縦するそれ自体としては進歩的な組織形態が資本の価値増殖という目的関数にとらわれてしまうことによって、社会的中枢は資本主義の全体利害に従属させられる。他方で、階級関係が公然と再政治化されることによって、国家独占主義的支配は、(人民戦線モデルにしたがって団結した)民主勢力がかけることのできる政治的圧力に屈しやすくなる。国家独占資本主義の理論も、資本主義的生産の根本的矛盾は新しい組織形態において緩和されるのではなく激化するという点から出発している。しかし、経済的な危機はいまやとりもなおさず政治的形態をとることになる。

この理論にたいしては、二つの異議が唱えられている(43)。ひとつは、国家装置が、たとえだれの利益のためであれ、積極的に計画し、中心的な経済戦略をたて貫徹することができるという仮説は経験的に証明することはできないというものである。国家独占資本主義の理論は、(西側のテクノクラシー理論と同様に)後期資本主義における行政による計画化の限界を見誤っている。計画の立案にあたる官僚制の運動形態は、危機を回避しようという反応である。そのうえ、さまざまな官僚制の調整は不完全なものに終わり、情勢感知能力にも計画立案能力にも欠陥があるので行政サービス受給者《クライアント》の影響力に左右される(44)。まさに国家行政の合理性の欠落こそが、組織された部分利益の貫徹を保証する。そのさい、資本主義的な個別利害同士の矛盾、個別利害と総資本家的な利害との矛盾、最後にシステムに特有の利益と普遍化可能な利益との矛盾は国家装置のなかへと移されるのである。

もうひとつの異議は、国家は団結した独占資本家たちの代理として活動するという仮説も、第一の仮説と同様に経験的に裏づけることはできないというものである。国家独占資本主義の理論は(西側のエリート理論と同様に)、人脈や行為の直接的な規格化の意義を過大評価している。さまざまな権力エリートの採用や組み合わせや相互作用についての研究によって、経済システムと行政システムの機能的連関を十分に説明することはできない(45)。それよりも適切であるように思われるのは、オッフェとその共同研究者が展開したシステム理論的なモデルである。このモデルは、行政システムの構造と、そのなかで進行する紛争解決、合意形成、決定、実施などの過程を区別する。そのさい、オッフェは「構造」を沈殿した選択規則のセットととらえており、これらの規則によって、何が規制を必要とする素材として認可され、何が議論の主題とされ、何がどの経路をつうじてどのような優先順位で現実に公的に規制されるか、などがあらかじめ決定されているのである。客観的に、すなわち行政が表明した意図から独立して、資本の価値増殖のために機能する長期にわたって安定した行政行為の助成モデルと抑制モデルは、さまざまな問題や主題、主張や利害を考慮に入れるか抑え込むかをあらかじめ決定する選択の規則を使って説明することができる(46)。

第五節　合理性の危機の定理について

後期資本主義国家の機能様式は、〔正統派の主張する〕依然として自然発生的にはたらいている経済法則にしたがって無意識的に行動する執行機関というモデルを用いて把握することはできないし、〔国家独占資本主義理論の主張する〕団結した独占資本家のために計画的に行為する代理人というモデルにしたがえば適切に把握できるというわけでもない。国家が再生産過程のなかに引き込まれることによって、価値増殖過程そのものの決定要因が変化したのである。階級間の妥協を基礎として行政システムは一定限度の計画化能力を獲得し、これを形式的デモクラシーをつうじた正統化の調達という枠組みのなかで、危機回避の反応という目的のために利用することができる。そのさい、総資本家的な存続維持への利害関心が、一方では個別の資本群の互いに矛盾する利害関心と競合し、他方ではさまざまな住民グループがもつ使用価値志向型の普遍化可能な利益と競合する。危機循環は一定の時間をへて分割され、その社会的帰結において緩和され、インフレと公的財政の持続的危機にとってかわられる。こうした代替現象は、経済的な危機の制御に成功したことをあらわしているのか、それとも経済的な危機が一時的に政治システムへと置きかえられたことをあらわすにすぎないのかは経験的にしか答えられない問題である。それは、最終的には、間接的に生産に投資された資本が労働生産性の向上に成功し、これがシステム機能に即した生産性の向上分の分配において、大衆の忠誠を確保すると同時に蓄積過程を持続させるのに十分であるのかどうかにかかっている。国庫は、ますます広範に社会化される生産にともなう共通費用を背負い込むことになる。すなわち国庫は、帝国主義的な市場戦略の費用や非生産的消費財(軍備や宇宙船)の需要の費用を負担し、直接的に生産に関連するインフラの給付(交通網、科学と技術の進歩、職業教育)の費用を負担し、間接的に生産に関連する社会的消費(住宅建設、交通、医療、レジャー、教育、社会保険)の費用を負担し、社会保障、とりわけ失業者にたいする費用を負担し、果ては民間の生産によって生じる環境負荷の外部費用を負担する。こうした支出は最終的に税によって賄《まかな》わなければならない。したがって、国家装置は同時に二つの課題に直面することになる。ひとつは、国家装置は、利潤や所得を吸い上げることをつうじて必要な額の税を調達し、危機をもたらす成長の攪乱を回避しうるように、自由に使える額の税を合理的に使用しなければならない。もうひとつは、税の選別的な徴収、その支出の明確な優先順位のモデル、そして行政の給付そのものが、生じてくる正統化の需要を満たすことができるようなものでなければならない。国家が前者の課題を果たさない場合には、行政的な合理性の不足が生じる。後者の課題を国家が果たさない場合には、正統化の不足が生じる(これについては次節を参照)。(47)

合理性の不足が生じるかもしれないのは、無政府的な商品生産と危機をはらんだその成長が自然発生的なものであり、そうした状態をひき起こす相互に矛盾する制御の要請が行政システムの内部で影響をあたえはじめるからである。この変化した無政府状態テーゼは、とりわけヒルシュによって科学行政の実例に即して裏づけられている。(48) このテーゼには一定の記述的な価値がある。なぜなら、行政当局が情勢感知能力と計画策定能力に乏しく、相互の調整が不十分な場合には、しばしばクライアントの情報の流れに依存することになり、その結果、クライアントにたいして自律的な決定をくだすうえで必要な距離をとれなくなることが示されうるからである。経済の個々のセクターが行政の一部をいわば私有化することができるので、社会的な個別利害のあいだの競争は国家装置のなかにもちこまれる。ところで、この危機の定理は、《依然として私的な目標を志向する生産をますます社会化することは、パラドクシカルであるがゆえに実現不可能な要求を国家装置にたいしてもたらす》という洞察にもとづいている。一方で、国家は総資本家の機能を引き受けなければならないが、他方で、互いに競合している個別資本は、投資の自由が撤廃されないかぎり、集合的意志を形成したり、ましてそれを貫徹することは許されない。こうして相互に矛盾する要請が生じてくる。一方は、総資本家的な計画策定を目標とする国家の計画化能力を拡大せよという要請であり、他方は、そうはいっても資本主義の存続を脅かしかねないこうした拡大を阻止せよという要請である。それゆえ国家装置は、介入への期待と強いられた介入の断念とのあいだで、システムを脅かすほどのクライアントからの自立化と特殊利益への従属とのあいだで揺れ動く。合理性の不足とは、後期資本主義国家がはまり込み、そして矛盾に満ちた活動がますます巻き込まれざるをえないダブルバインドの避けがたい帰結なのである[49]。

この主張の揺るぎなさにたいして向けられる疑念を列挙してみよう。

(1)資本主義の根本矛盾が経済システムから行政システムへと置きかえられることによって、その根本矛盾が場合によっては解決されるかもしれない条件は変化する。経済システムにおいては、矛盾は、直接的には価値量同士の関係にあらわれ、間接的には資本喪失(倒産)や生計の剝奪(失業)という社会的帰結のなかにあらわれる。行政システムにおいては、矛盾は、非合理的な決定となってあらわれ、また行政の無能さの社会的帰結のなかに、すなわち生活領域の解体のなかにあらわれる。倒産や失業は機能不全が一目でわかるリスクのボーダーラインである。これに反して、生活領域の解体は連続的に進行するが、ここでは許容のボーダーラインがどこにあるのか、まだ受け入れられるか、それとももう耐えられないと感じられるかの実感が解体のすすみつつある環境にどれだけ順応できるものなのかはなかなかいえることではない。

(2)もうひとつの観点はより重要である。経済システムにおいては、戦略的行為の規則は損益の次元とまったく同じように確定している。交換というメディアには、さまざまな行為の方向づけがたえまなく互いに適応するというしかたで紛争を解決する余地はない。収益の最大化という制御原理はここでは任意に変更するようなことはできないのである。これに反して、行政システムは、それが依存している環境とのあいだで妥協を志向した交渉のやりとりをおこなう。「取引《バーゲニング》」には予期構造と価値体系が相互に順応するように圧力がかかっている。回避戦略という反応的な運動のありかたは、国家装置の制限された術策能力のあらわれであって、国家装置は交渉相手にたいして、組織された個別的利害関心や総資本家的な存続維持への利害関心と住民の普遍化可能な利害関心とが対照をなすさまをだれの目にも明らかにすることができる。正統な権力を投入するにはさまざまな利害分野の正統化の格差を考慮に入れることが必要になるが、そのような格差などは全体として正統化されている交換システムのなかには存在しえないのである。

(3)最後に、危機傾向は、集合的な行政行為をへることで、個々の市場参入者の特殊化された行動によってなされるのと同じように意識化されずに行き渡ることはありえなくなる。すなわち、自然発生的に進行する過程と計画化との区別は、規則への意図的な服従が結果として意図されざる効果をともなうかもしれない戦略的なゲームとはちがって、権力行使というメディアにとってはもうさほどはっきりした区別ではない。むしろ、危機回避が行為目標の主題となっていくのである。自然発生的であることと計画にもとづいていることとのあいだでぼんやりとしている決定過程の性格の特徴をなすのは、行政システムとその交渉相手がしたがう正当化のありかたである。すなわち、要求される、あるいは望まれる行政の行為は、そのつど行為の見通しから見積もられるシステム合理性にてらして正当化される(50)、いいかえれば、当事者のうちのだれもがシステムを意のままにしていないのであるから、だれも達成することのできない虚構の目的関数のためのシステム機能の制御作用にてらして正当化されるのである。政治的妥協は、市場をつうじて制御されるシステムにおける経済的選択の決定とはちがい、個々の目的合理的行為から織りなされる自然発生的な網の目をかたちづくるわけではない。それゆえ、総資本家的計画化と投資の自由、計画化の需要と投資の断念、国家装置の自立化と個別利害への依存のあいだには、論理的に避けられない両立不可能性は存在しない。行政システムが競合する要求のあいだに妥協の道をなんとか切りひらき、それによって相も変わらず十分な程度の組織合理性が認められるという可能性は、論理的な理由からだけでも排除できないのである。

ただし、これらの異議を考慮に入れたうえで、行政システムにとっての第二段階の自然発生性を考えてみることはできる。官僚制が独自におこなう資本主義のさまざまな計画策定[51]は、討議による意志形成によってフィードバックされる民主的な計画策定とは類型上区別されるが、それは、やはり前者の計画策定の結果、そのつど場当たり的に処理されざるをえない問題や、うずたかく山積して「時間」という資源に訴えても結局のところ解決にいたる道はもはや出てこないような問題が予期せぬかたちで数多く生じてくるからでもあるだろう。この第二次的な没意識性という形態は、蓄積過程で収奪された犠牲者にたいする補償の費用を最小化するために国家装置がその背後に引っ込まざるをえない表構えをなす、とこの危機の定理を定式化しなおすことができるかもしれない。資本主義的成長はこんにちでもなお企業の集中化と資本所有の中央への集中や移動という路線でおこなわれており[52]、そのため資本の収奪と再分配は正常な過程をなしている。国家が責任ある計画機関の役割を標榜し、成長の影響を受けたひとびとが自分の損失の負担をそれに負わせ、損失の予防や補償を要求しながら対立できるようになるにつれて、まさにこの正常性こそが疑わしいものとなってくる。このメカニズムの実効性は、たとえば構造政策に反映されている。経済資源が資本主義的成長の資本主義的犠牲者を養うのに十分ではなくなると、国家をそのような請求から免除するか、それとも成長を停滞させるかというディレンマが生じる。二つの選択肢のうちの前者は新しい難題に突きあたる。すなわち、蓄積過程の継続を確保するために、国家は計画機能をいっそう歴然と増大させるが、そうなると蓄積をはばむ補償の請求ができるようになるので、この計画機能は責任ある行政のはたらきであると認識できるようであってはならないのである。もっとも、このかたちでは、合理性の危機の定理は資本主義的成長の経済的隘路についての経験的仮説に依存したままである。

それにくわえて考慮しておくべきなのは、右肩上がりで増加する計画の需要はシステム固有ではない隘路をつくりだすという点である。複雑な社会での長期計画は、後期資本主義の行政システムだけでなく、いかなる行政システムをも、F・W・シャルプ〔ドイツの政治学者（一九三五―　）。マックス・プランク社会研究所所長を長く務める〕がいくつかの著作で切れ味鋭く分析している構造的な困難に直面させる[53]。わたしとしては、かならずしも漸増主義《インクリメンタリズム》[7]のどれもが、すなわち中期的地平に制限されて外部からの衝撃に敏感な計画化というタイプが、過大な要求を負わされた行政の合理性の不足をおのずから反映するというわけではない、という仮説に傾きつつある。これについてできることは、おそらく、さまざまな利害関係者の妥協能力に探りを入れて、それに先立ってこれらの利害関係者の普遍化能力を公共の討論にもちださなくてすむような回避行為に見られる合理性の限度の論理的な根拠を挙げるくらいだろう。[54]後期資本主義的な合理性の限度とは、R・フンケとともに民主的なインクリメンタリズムと呼ぶことができるようなタイプの計画化が構造的にはその成立の余地がないという点にある。

C・オッフェの独創的な考察からは、計画立案する行政に合理性の不足が不可避的に発生することについてのまた別の主張を得ることができる。オッフェは、システムの障害となる要素がシステムにとって必然的に増大することを示す三つの傾向を挙げている。そのさい問題となるのは、システムに同調するような行動の制御を困難にする方向づけのモデルの普及である。[55]

最初に、公的セクターと独占セクターの組織化された市場においては、企業戦略上の決定がくだされるための境界条件が変化した。大企業は、時間的にも内容的にもきわめて広範な選択の余地のなかで決定をおこなうことができるので、外的な与件によって規定される行動の合理的選択に、付加的な前提を理由づけに必要とする投資政策がとってかわる。したがって高度な経営は、アプリオリに確定された行為戦略にかわって、政治的な評価モデルと決定モデルを採用しなければならない。つぎに、公的セクターの諸機能と関連して一定の職業分野が成立し、そこでは抽象的な労働が具体的な労働、いいかえれば使用価値志向の労働にますますとってかわられるようになる。それはほかならぬ計画化の任務を託された官僚機構の職員についてあてはまるし、公共サービス（交通、医療、住宅建設、レジャー）の諸部門についてあてはまるし、科学および教育制度や研究およびテクノロジーの発展についてあてはまる。徹底した専門職業志向は、こうした分野で職業労働が私生活中心主義的なキャリア・モデルや市場メカニズムから分離して具体的な目標をめざすようになるかもしれない徴候である。最後に、収入のある労働人口にたいして、労働市場をつうじて再生産されることのない非現役人口が占める割合が増大してくる。生徒や学生、失業者、年金受給者、福祉受給者、専門職業扱いされない主婦、病人、受刑者がそれである。これらの集団も、具体的労働の連関のなかで生じているように、それぞれの方向づけのモデルを発展させるかもしれない。

　資本主義の就業制度におけるこのような「異分子」は、生産の社会化に応じて増大するので、行政の計画策定を制限するような影響をおよぼす。資本主義的な計画化は、私企業の投資の自由を考慮に入れて、その計画の受け手に外的な与件の変化をつうじて影響をおよぼすような総合的制御の手段を用いる。これらをシステムに同調するように変えることができる変数、すなわち利子率、税制、補助金、業務委託、二次的な所得分配等々は、通例では貨幣量で示される。まさにこの量が、抽象的な交換価値志向が弱まるにつれて、その制御効果を失うのである。したがって、国家の介入によって加速する生産の社会化の結果として生じてくる問題は、国家による介入そのものの重要な道具の適用条件を破壊してしまう。ただし、これは論理的に避けがたい矛盾といったものではない。

いま挙げた三つの傾向は、蓄積過程が交換というメディア以外のメディアをつうじて遂行されていることを物語っている。けれども、かつては市場の合理性にしたがっていた決定がこんにち帯びてきている政治的な性質は、すなわち、特定の職業志向の政治化や収入のない層の市場とは無縁の社会化は、それだけでは行政の巧みな策動の余地を狭めるとはかぎらない。それどころか住民参加ですら、一定の留保つきではあるが、行政の計画策定を実施するうえで、外的な刺激によって制御された行動反応よりも機能的であることもある。(56) 先に述べた発展が実際に危機と結びついた隘路につながるかぎり、計画化の合理性の不足が問題なのではなく、動機づけの状況が適合しないことの帰結が問題なのである。つまり、行政はその相手を一緒に働くように動機づけることはできないのだ。おおまかにいえば、後期資本主義は、それまで機能してきた一定の行動領域で外的刺激という制御手段が効かなくなればかならずダメージをこうむるというわけではない。いえるのはせいぜいのところ、行政システムにとってそもそも計画化に関連する行動分野へのコントロールがいかなる手段をもってしても効かなくなるので、行政システムは存続上重要な計画化機能をもはや引き受けることができなくなって、後期資本主義は困難におちいる、ということくらいだろう。とはいえ、この予測は行政の合理性の減退から導き出されるのではなく、せいぜいシステムに必要な動機づけの減退から導き出されるにすぎないのである（後述の第七節を参照）。

第六節　正統化の危機の定理について

合理性の危機という概念は、経済的な危機の概念をモデルにしてつくられたものである。それにしたがえば、互いに矛盾する制御の要請は、（もはや市場参加者によってではなく）行政の構成員による目的合理的な行為をつうじて実現を迫られ、直接的にはシステム統合を脅かし、結果的に社会統合を危険にさらすという矛盾のなかにはっきりあらわれるという。

われわれが見てきたように、経済的なシステム危機を予想することができるのは、政治的対決(階級闘争)が資本主義的生産の制度上の基本的条件を維持し、それを変更しない場合だけである(例としてはチャーティスト運動や標準労働日の導入)。階級関係そのものが再政治化され、しかも国家が市場を代替しそのうえ市場を補償するという任務を引き受ける(さらに剰余価値の「より弾力的な」生産形態を可能にする)程度に応じて、階級支配はもはや価値法則という匿名の形態において遂行されることができなくなった。それからというもの、相対的剰余価値の生産が公的セクターをつうじて保証されうるのかどうか、保証されるとすればどのようにしてか、また階級間の妥協の条件がどのような様子になるのかといったことは、むしろ実際の権力の形勢に左右されるようになっている。それとともに、危機傾向はたしかに経済システムから行政システムへと置きかえられ、もっぱら市場をつうじて媒介される自己完結的な交換過程のメディアにはひびが入っている。だが、商品物神という自由主義的資本主義的な束縛が打破された(そしてすべての当事者が価値論の多少なりともよき実践家になった)あとは、経済過程の自然発生性は政治システムのレベルで二次的なかたちで復旧できるというのがせいぜいのところである。国家は、赤字にならずには果たしえない責任が計画化機能から生じないようにするため、〔計画化導入以前の〕意識化されない状態の残余を維持しなければならない。かくて経済の危機傾向は、必要な財政手段の調達と目的合理的な支出を高い水準で継続するのである。しかし、国家活動が避けられない限界を見出すことができるのは、経済的な危機の定理をひっぱり出してきたくないのであれば、やはり利用できる正統化にてらしてみる場合だけであろう。動機づけが正当化を必要とする規範にまだ結びついているかぎり、再生産過程に正統な権力を導入することは、行政行為の根底に依然として存在している規範にたいする実際に影響の大きい疑念のなかに「根本的矛盾」が生じるかもしれないということである——そして、もしこれに対応するさまざまな主題と、そのもとで浮かび上がってくる問題、それらをめぐる主張を事前の決定を十分に厚く積み重ねておくことによって手をつけられないようにしておかなければ、それは実際に出現するだろう。経済的な危機がくいとめられ、それが公的財政にたいしてシステム的に見て過大な負担に変換されることによって、経済的な危機は社会の自然な運命というマントを脱ぎすてる。国家による危機管理が行きづまると、それは国家がみずから提起した基本政策的な要求にもおよばない水準に落ち込み、その報いとして正統化の取り下げが生じる。その結果、国家の行為の余地は、思い切って拡大されなければならないまさにその瞬間に縮小してしまう。

この危機の定理の根底には、社会的アイデンティティというものはシステム統合を保証する能力をつうじて間接的に自己自身を規定するが、階級構造という基礎のうえではたえず脅かされているという大局的な考察がある。というのも、危機回避の政策が使い果たし、また限度を越えて使ってしまう乏しい税金の階層別徴収と使用の特定目的化という焦点には、オコンナー〔アメリカの経済学者・社会学者(一九三〇—　)〕が示そうとするように、《普遍化することのできない利益のための社会化された生産》という根本的な矛盾が処理され変換されながらもうみだすさまざまな問題が集中しているからである。一方で、経済的に条件づけられた危機傾向が行政と財政のフィルターにかけられることによって、階級がらみの対決の戦線はひどく断片化され、いっそう見通しにくくなる。階級間の妥協は潜在的に存続している諸階級の組織力を弱めるのである。他方で、結果的に生じて拡散した紛争はよりいっそうあからさまにもなる。なぜなら、システム危機という客体性・客観性を帯びてあらわれるのではなく、端的に正統化の問題をひき起こすからである。行政システムを正統化システムからできるだけ独立させる機能上の必要性はこのことから説明される。

そのためには、行政の道具的機能を、見境なく何にでも追従する姿勢を喚起する表現力に富むシンボルから分けておくことが役に立つ。この種のよく知られた戦略には、専門的問題の擬人化、公聴会手続きや専門家の見解、法律の専門用語などのシンボルの使用があり、さらに、既存の偏見の構造を追認すると同時に利用し、感情への訴えや無意識の動機への刺激などをつうじて特定の内容を肯定的に、それ以外の内容を否定的に色分けする、寡占的競争をまねた宣伝技術もこれにふくまれる[57]。正統化にとって効果的であるようにつくりあげられた公共圏には、とりわけ、主題領域によって注意を構造化する機能、すなわち他の主題、問題、主張に注意が行かないようボーダーラインよりも下で取り上げ、そうすることで意見形成から遠ざけるという機能がある。政治システムはイデオロギー立案の任務を引き受けるわけである（ルーマン）。もっともそのさい、操作可能な余地は狭く限定されている。というのも、文化システムは行政のコントロールにたいして独特の抵抗力をそなえているからである。いいかえれば、行政が意味を産出することはないのである。シンボルの商業的な生産や行政の計画策定によって、抗事実的な妥当請求の規範的な力は汲み尽くされてしまう。正統化の調達は、「調達」のありかたが見透かされると、たちまち成り立たなくなるのである。

文化的伝承の再生産には、独特の傷つきやすい条件がある。それが「生き生きしたもの」であるのは、自然発生的であるか、あるいは解釈学的な意識によって形成されつづけるかぎりにおいてのことである(そのさい解釈学には、伝統の学問的な解釈と適用をおこなうことで、受けつがれてきた伝統の自然発生性を断ち切りながらもこれを反省的な水準で維持するという特性がある(58))。伝統の批判的な摂取は、討議というメディアにおいてその自然発生性を破壊する(そのさいの批判の特徴(59)は、討議において認証することのできない妥当請求をイデオロギー批判あるいは分析によって解消するが、同時に、伝承をその意味論的ポテンシャルから引き離すという二重の機能にある(60))。そのかぎりでは、批判もまた解釈学に劣らず伝統の摂取の形態のひとつである。いずれの場合も、摂取された文化の内容は命令法的な力を保持している。すなわち、それは歴史の連続性を保証し、それをつうじて個人や集団は自己とお互いが何ものであるかを確認することができるのである。この力はまさに、文化的伝承が客観主義的に整理されたり、あるいは戦略的に使用されると失われてしまう。いずれの場合も、文化的伝承の再生産の条件は傷つけられ、伝統は空洞化される。このことは、歴史主義にもとづいて運営される博物館があたえる享楽的な効果だけでなく、文化財が行政や市場戦略上の目的のために濫用されて摩耗しているのを見てもわかる。伝統が正統化の力を保持するのは、明らかに、それが連続性と同一性《アイデンティティ》を保証する解釈体系から引きはがされない場合だけである。

したがって、正統化の不足を意図的な操作によって埋め合わせようとする試みの限界は、システムの観点からいえば、行政行為の領域と文化的伝承の領域が似たものではないことに由来する。ただし、この点から危機の議論を構成できるとすれば、国家活動の拡張が結果として正統化の需要を不釣り合いなほど増大させる効果をもたらすという別の観点と結びつかなければならない。不釣り合いなほどの増大が生じる公算が高いとわたしは考えるが、それは行政によって処理される問題が拡大することによって、国家活動の新たな機能にたいする大衆の忠誠が必要になるだけでなく、こうした拡大の過程で文化システムにたいする政治システムの境界が移動するからでもある。そうなると、それまで文化的に自明なこととみなされて政治システムの境界条件をなしていた事柄が行政による計画の領域にずれ込むことになる。その結果、公共的な目標の設定やまして実践的討議とは縁のなかった伝統があらためて主題とされるようになる。文化的伝承を行政が正面から取り扱う例としては、教育計画、とりわけカリキュラムの計画立案がある。

これまで学校行政は、自然発生的にできあがった正典を系統立てて並べるだけでよかったが、カリキュラム計画の根底には、伝統の模範は別様であってもかまわないという前提がある。いいかえれば、行政による計画策定は、まさに自己正統化の力によって特徴づけられてきた領域にたいして領域を問わない普遍的な正当化を強要するのである[61]。文化的自明性を側面から揺るがせた例としては、地域計画や都市計画(土地の私有)、医療制度の計画(「階級なき病院」)、さらに家族計画や婚姻法(性的タブーを緩和し、解放のボーダーラインを下げる)がある。最終的には、伝統の内容だけではなく、伝承の技術、すなわち社会化の技術についてもある種の偶発的な意識がつくりだされる。正規の学校教育はすでに学齢期以前に家庭教育と競合しはじめている。学校が親権制度や個人相談をつうじて引き受ける国民教育上の課題を見れば、その方面の教育学や心理学の学術誌を読めばわかるのと同じように、教育の課程が問題となってきているのが読みとれる[62]。

　行政の計画化はあらゆるレベルにおいて、思わぬ動揺と公開化の効果をもたらし、これが自然発生的な成長過程から追いたてられた伝統が正当化される可能性《ポテンシャル》を弱めている。疑問を差しはさむ余地がないという伝統の性格がひとたび破壊されてしまえば、妥当請求による安定化はもう討議をへることによってしかうまくいかない。そのため、文化的に自明だった事柄の自明性が揺るがされることによって、それまで私的領域に請け負わせることのできた生活範囲の政治化がうながされる。しかし、それは公共圏の構造をつうじて非公式に保障されてきた国民の私生活主義にとって危険が迫っていることを意味する。とりわけ、学校や大学、報道機関、教会、劇場、出版社などの文化領域における参加への熱心な取り組みや従来のものにとってかわるモデルの提示は、市民運動の増加と同様にこの危険の指標である(63)。

参加型の計画策定への要求や試みも、こうした背景から説明することができる。行政による計画策定は文化システムを、すなわち当事者の意識の深層に息づいている規範や価値の観念をますます強く揺り動かし、揺るぎない伝統的な生活態度をぐらつかせるので、計画の受容可能性のボーダーラインは上昇する。計画策定過程において革新《イノベーション》を貫徹するため、行政は当事者を関与させて実験をおこなう。ただし、国家レベルの計画策定への関与の機能はアンビヴァレントである(64)。紛争の規制の需要が高まるのか減少するのかがあらかじめ決定されていないグレーゾーンが生じる。計画立案者が計画策定過程そのものにおいてさらされる合意形成への圧力が強まれば強まるほど、正反対の二つの動機に発する負担をいっそう覚悟しなければならない。その一方は、非対称な階級間の妥協という条件のもとでは行政システムには満たすことのできない正統化の請求という過大な要求であり、他方は、計画策定の時間地平を制限しイノベーションの度合いを低下させる、保守的な側からの計画化への抵抗である。社会心理学的にいえば、二つの動機のいずれも計画に反対する同じ立場の解釈モデルに統合することができるので、分析すれば別々のものとして扱うことのできる抵抗が同じ党派によって提唱されるということがありうる。それゆえ、「参加という生産力」(ナーショルト)を利用することは、正統化の不足に対処するには過激な、行政にとってはリスクの高い手段である。

これまで引き合いに出してきた議論は、後期資本主義社会は正統化の窮乏におちいっているという主張を裏づけている。しかし、はたしてそうした議論は正統化の問題が解決できないこと、いいかえれば、正統化の危機を予言することの基礎として十分であろうか。たとえ国家装置が労働生産性を向上させ、生産性の収益を分配することによって、なるほど障害がなくなるわけではないにせよ危機のない経済成長を保証することに成功するとしても、こうした成長は、住民にとって普遍化可能な利益ではなく、収益の極大化という私的目標を基準にしてつくられた優先順位にしたがって達成されることになるだろう。ガルブレイスが「私的な富裕対公的な貧困」という観点から分析した(65)優先順位のモデルは、潜在しているとはいえやはり維持されている階級構造から生じている。いいかえれば、この階級構造が最終的には正統化の不足の原因なのである。さて、これまでわれわれが見てきたのは、国家は文化システムをたやすく管理することはできない、それどころか国家レベルの計画策定の範囲の拡張は文化的自明性をあらためて問題にしてしまうということである。「意味」は稀少な資源であり、ますます稀少化しつつある資源である。そのため、国民公衆のあいだでは、使用価値を志向する期待、すなわち成果にてらしてコントロールできる期待が高まっている。請求の水準の高まりは正統化の需要の増大に比例している。国庫に吸い上げられた「価値」という資源で「意味」という稀少な資源を代替せざるをえないわけである。正統化の不足をシステム適合的な補償によって埋め合わせなければならない。正統化の危機は、システム適合的な補償への請求が使用可能な価値量を上回る速さで増大すると、あるいはシステム適合的な補償によっては満たすことのできない期待が生じると、そのとたんに発生するのである。

だが、請求の水準はなぜ政治経済システムの操作能力の限界内におさまらないのだろうか。請求の上昇率がうまく配分されて、行政の制御や給付の制度にぴったり合うように、既存の生産様式の限界内で可能な適応過程と学習過程を押しつけることだってありうるかもしれない。従来はそのような状態であったことは、先進資本主義社会の戦後の発展を見れば一目瞭然である[66]。福祉国家路線が、疑わしい場合の窮状の責任はいかんともしがたいシステムの必然のせいにするという広く行き渡ったテクノクラシー的な共同意識と結びついて、国民の私生活主義を十分な程度維持するかぎりは、正統化の窮乏はかならずしも危機にまで尖鋭化しないですむのである。

もっとも、オッフェとその共同研究者は、正統化を調達する形式によって、競合する諸党派が他を上回る内容の綱領をうちだそうと競り合わざるをえなくなり、それによって住民の期待が螺旋状に釣り上がるのではないかという点に注意をうながしている。ここから要求の水準と成果の水準とのあいだに溝が生じることは避けられず、それが選挙民公衆に幻滅をもたらすかもしれない[67]。そうなれば、競争デモクラシーという正統化の形式には賄いきれない負担をうみだすことになるだろう。この主張が経験的なかたちで十分に証明できると仮定した場合、後期資本主義社会においてそもそもなぜ形式的デモクラシーが維持されているのかを説明しなければならないだろう。行政システムが機能する条件だけを見れば、形式的デモクラシーは、市民の政治的関与をリスクのない程度にまで縮小した保守的・権威主義的な福祉国家の変種によって、あるいは住民を比較的高水準の持続的動員下に置きながら、福祉国家のように債務超過におちいらずにすむファシズム的・権威主義的国家の変種によって十分にとってかわられうるだろう。〔しかし〕明らかにいずれの変種も、政党国家的な大衆デモクラシーの体制とくらべると、発展した資本主義とは長期的に両立しがたい。なぜなら、社会文化システムは、権威主義的に構成された体制においては満たすことのできない請求をうみだすからである。

こうした考察は、行政システムの必要に応じて任意に機能させることのできない硬直した社会文化システムだけが、正統化の窮乏から正統化の危機への尖鋭化を説明することができるだろうというわたしのテーゼを裏づけている。正統化の危機が予言できるのは、使用可能な価値量であれ、あるいはそもそもシステム適合的な補償であれ、それらによって満たすことのできないシステムへの期待が喚起される場合である。とすれば、正統化の危機の根底にはなんらかの動機づけの危機があるにちがいない。すなわち、一方における国家や専門教育制度、雇用制度からうかがわれる動機の需要と、他方における社会文化システムの側からの動機の供給とのあいだの乖離があるにちがいない。

第七節　動機づけの危機の定理について

わたしが動機《モチベーション》づけの危機という表現を用いるのは、社会文化システムが変化して、国家と社会的労働のシステムへの社会文化システムの出力が機能しなくなる場合である。社会文化システムが後期資本主義社会において果たす、動機づけの面で最も重要な貢献は、国民的な私生活主義、また家族的・職業的な私生活主義という症候群にある。国民的な私生活主義とは、行政システムの制御活動と給付活動にたいする関心は高いのに、正統化の過程への関与は制度的に用意された機会にふさわしいとはいえわずかである、ということである(高い出力志向対低い入力志向)。つまり、国民的な私生活主義は脱政治化された公共圏の構造に対応しているのである。家族的・職業的な私生活主義は、国民的な私生活主義とは相互補完的な関係にある。それは、一方ではおおいに発達した消費とレジャーへの関心をともなう家族への志向、他方では地位をめぐる競争にふさわしいキャリアへの志向である。したがって、このような私生活主義は、業績競争をつうじて制御された専門教育制度と雇用制度に対応している。

この二つの動機づけのモデルのいずれも、政治システムと経済システムが存続するうえで重要である。もしこのような動機づけのモデルは体系的に破壊されているという主張を擁護しようとすれば、二つの独立したテーゼの立証責任を引き受けることになる。第一に、そうした生活態度がこれまでうみだされてきた背景となる伝統が腐蝕していることを証明しなければならない。第二に、使い果たされた伝統の機能的等価物を見出そうにも、規範的構造の発展の論理によって禁じられているのでそれは不可能であることを示さなければならない。（わたしは伝統的な揺るぎない文化モデルを動機づけのモデルに分類しているが、それは、社会にとって典型的な生活態度の症候群は社会化の機能を果たす文化的な価値体系のレベルになんらかのかたちであらわれるにちがいないという単純すぎる仮説から出発しているからである。つまり、わたしは解釈された欲求と文化的伝統の二つのレベルのあいだに意味構造の対応関係があると想定しているわけである。(68)そのさい、わたしは下位文化《サブカルチャー》のちがいを度外視しているだけでなく、文化モデルが社会化の担い手や教育実践をつうじてパーソナリティ構造に反映されるのか否か、反映されるとすればいかにしてかという重要な社会学的視点や、(69)とりわけ、非常に複雑で、そのうえ機能上の要請という観点からのみ導入された動機づけのモデルがいかなる構成要素から成立したのかという心理学の問題も度外視している。ついでながら、輪郭のはっきりした業績という動機を核として結晶化された家族的・職業的な私生活主義は積極的に規定されているが、国民的な私生活主義は生活態度をもっぱら消極的に、すなわち政治的意志形成にたいする貢献の欠如を手がかりとして画定している(70)。

資本主義以前の伝統的要素と市民的《ブルジョワ》な伝統的要素との独特な混合である文化モデルを私生活主義的な動機づけモデルに分類することができる。システムの観点から見て市民社会にとって必要な動機づけの構造は、ブルジョワ・イデオロギーのなかには不完全にしか反映されていない。資本主義社会は、自分自身で再生産することのできない文化的な境界条件につねに依存してきた。いいかえれば、資本主義社会は伝統のストックを食いつぶして寄生してきたのである。これはまず国民的な私生活主義の症候群についてあてはまる。国民的な私生活主義は、一面において、行政システムにたいする期待について考えるかぎりでは、市民的な形式法の伝統によって規定されているが、他面では、意志形成過程にたいするどちらかといえば受動的な態度についていえば、伝統主義的な国家倫理や、それどころか家族への志向にとらわれたままである。アーモンドとヴァーバは、形式的デモクラシーを安定させる条件は「混合的」な政治文化をつうじてしか満たされないことを示した。市民革命の政治理論は、民主的に組織された意志形成への国民による能動的な参加をなおも要求していた(71)。しかし、旧型であれ新型であれ、市民的デモクラシーはみずからを補完するために事実ある政治文化を必要とする。それは、ブルジョワ・イデオロギーから参加型の行動期待を徐々に消し去り、前市民的な伝統のストックから取り出された権威主義モデルにとってかわる政治文化である。アーモンドとヴァーバは、政治文化の市民的、伝統的、家族的形態の融合について語っている。この点で、参加《アンガージュマン》と合理性は地域志向や臣民気質と対極にあって釣り合っている。「もしエリートが権力をもち、権威ある決定をくだすべきだとすれば、普通の人間の関与、活動、影響力は制限されなくてはならない。普通の市民はエリートに権力をゆだね、彼らに支配させなければならない。エリートの権力が必要となる条件は、普通の市民がどちらかといえば受動的で、無関心で、エリートにたいして控えめであることである。したがって民主的な市民は矛盾した目標を追求するよう求められている。すなわち、彼らは能動的であるが、それでも受動的でなければならない。関与しつつ、それでも関与しすぎてはならない。影響力をもちつつ、それでも控えめでなければならない(72)」。

もうひとつの動機づけ症候群も似たような観点から分析することができる。一方で、それは、所有的個人主義とベンサム流の功利主義(73)という市民《ブルジョワ》に特有の価値志向によって規定されている。しかし他方では、中間層の業績志向的な職業エートスも、下層の宿命論も、宗教的伝統による防衛策が必要である。この伝統は、対応する家族構造や教育技術をへて教育過程へと転換され、諸階級に特有の動機づけの構造につながってゆく。すなわち、市民階層においてはどちらかというと抑圧的な良心の審級と個人主義的な業績志向へ、下層においてはどちらかというと外的な超自我構造と因習的な勤労倫理につながるのである。自己規律の強調や世俗化された職業エートス、当座の欲求充足の断念をともなう「プロテスタンティズムの倫理」は、それとは対をなす他責的な服従や宿命論的な態度、当座の欲求充足への志向をもつ伝統主義に劣らず、市民社会の土台のうえだけでは再生できない伝統にもとづいている。

ついでながら、市民《ブルジョワ》文化全体も、それ自身のストックから自己を再生産することはけっしてできなかった。市民文化は、動機づけが実効性のあるものとなるように伝統主義的な世界像によってたえず補完される必要があった。というのも、主観化された信仰諸勢力の領域へとひきこもった宗教は、ブルジョワ・イデオロギーの世俗的構成要素（経験主義的な認識論や合理主義的な認識論、新しい物理学、近代自然法と功利主義の普遍主義的な価値体系）と協力しても、おろそかにされてきたコミュニケーション的な欲求をほとんど満たすことができないからである。元来もちあわせていた資産だけで生きのびている生粋のブルジョワ・イデオロギーは、

・個人の生存にとっての基本的リスク(罪、病気、死)にたいして、偶発性を克服しようとする解釈の助けになるものを提供しない(それは個人の救済の欲求にとってなんの慰めにもならない)。

・それは、外的自然であれ、みずからの身体であれ、原理的に客観化された自然との人間味のある交わりができるようにしない。

・それは、集団内の、また個人間の連帯関係への直観的参入を許容しない。

・それは、本来的な意味での政治的な倫理を認めず、いずれにせよ政治的および社会的な生活実践にかんしても、行為主体の客観主義的な自己理解をすすんで受け入れる。

ただひとつ(芸術以外からの利用の要求にたいして)自律化した芸術だけが、[74]ブルジョワ的な合理化の犠牲となるものたちの受け皿となった。市民的芸術は、市民社会の物質的生活過程においていわば違法となった欲求を、たとえ仮想的にすぎないにせよ、充足するための保護区になったのである。わたしが念頭においているのは、自然とのミメー

シス的交流への願望であり、核家族の集団的エゴイズムの外部にある連帯した共生への欲求であり、目的合理的な要請から解放され、行動の自発性と同じように想像力に戯れの空間を残すコミュニケーションの経験という幸福への憧憬である。市民的芸術は、私事化された宗教や科学主義化された哲学、また戦略的・功利主義的な道徳のように、経済システムや政治システムのためになる任務を引き受けず、「欲求の体系」においては満たすことのできない、それ以外の欲求の受け皿となってきた。そのため、道徳的普遍主義とならんで、芸術と美学は(シラーからマルクーゼにいたるまで)、ブルジョワ・イデオロギーのなかに取りつけられた爆薬のひとつなのである。[75]

社会文化システムは政治システムや経済システムの存続にとって影響力の大きい私生活主義の症候群をそれほど長くは再生産できないであろうという主張の立証責任を四つの段階に分けておきたい。わたしは、(1)国民的な私生活主義と家族的・職業的な私生活主義が埋め込まれた前市民的《ブルジョワ》な伝統の要素は、もはや再生不可能なまでに解体されるということ、(2)所有的個人主義や業績志向といったブルジョワ・イデオロギーの中核となる要素もまた社会構造の変化によって掘り崩される、ということを納得がいくように示したい。そのうえで、(3)一方ではコミュニケーション的道徳に、他方ではポスト自律的な芸術への傾向のなかに認められる、いわばむき出しになった規範的構造、すなわち市民文化の世界像の残余は、破壊された私生活主義の動機づけモデルにかわる機能的等価物があらわれることを許容しないということを示したい。最後に、(4)伝統主義のクッションをはぎ取られ、私生活主義的な核を奪われた市民文化の構造は、それでもなお動機形成にとって依然として重要であり、たんなる表向きの体裁として脇にどけておくだけではすまないことを証明する必要がある。システムの存続にとって重要な動機づけは、衰退した、あるいは限られた効力しかもたない文化的伝統にまったく依存せずにつくりだされることはけっしてありえない。もちろんわたしの目標は、この文脈においても、ここに掲げた仮説を将来における経験的検証にふさわしいものにする主張と指標を集めることにすぎない。いくつかのごく一般化されたキーワードに話をしぼることとする。

(1)伝統主義的世界像の構成要素は、市民的《ブルジョワ》イデオロギーの背景となりそれを補完してきたが、資本主義の発展過程のなかで徐々に掘り崩され、ますます広範に解消されてきた。なぜならそれは、一方では経済システムと行政システムの普遍化した社会構造的な重圧と両立できず、他方では科学体系を前提とする認知的態度と両立できないからである。[8]

〔伝統主義的世界像と経済システム・行政システムとの〕社会構造的な不一致の核心にあるのは、戦略的・功利主義的な行為領域の膨張から帰結する問題群である。この傾向は、マックス・ヴェーバー以来、かつては伝統主義的に規制されていた生活領域の合理化という観点から研究されている。[76] 目的合理的行為に主導されたサブシステムにおける後期資本主義的発展の推進(とこれに対応するコミュニケーション的行為領域の枯渇)は、とりわけ、職業実践の科学化からの帰結である。つぎにこれをもたらしているのはサービス部門の拡大であり、そのため相互行為は商品形態にますます包摂されていく。第三に、かつては非公式に規制されていた政治的・社会的な交流の領域の行政による規制と法制化、第四に文化と政治の商業化、そして最後に教育過程の科学化と心理学化である。

他方では、解消しつつある伝統主義的な世界像と、一般化した正規の学校教育をつうじて拘束力をそなえ、ある種の実証主義的な共通意識のなかで行動に影響をあたえる症候群へと凝り固まった科学体系の要請とのあいだに、認知的不協和が存在する。わたしにはこんにち三つの傾向が(やむをえず過度に一般化していうと)世界像の構造的な変動を特徴づけているように見える。第一に、文化的伝承の支配的な構成要素は、世界像という性格、すなわち、世界、自然、歴史の全体についての解釈という性格を失いつつある。全体性を再現するという認知上の請求は放棄され、一方では科学的な個別情報がつぎつぎと入れかわる通俗的綜合に、他方では秘教的にひきこもるか、あるいは昇華されるはずのものが昇華されずに実生活に入り込んでゆくような芸術に席を譲る。第二に、信仰の態度は、プロテスタンティズムの登場以来礼拝の実践からほとんど切り離され、それと同時に内面化され私事化されたが、それがもう一度主観主義的に分割されている。《真であるとわたしは思う》という自由主義〔神学〕的な態度は、異端的な見解を真であるとわたしは思うということによってはじめから自分を相対化しているわけだが、これは真理をめぐって決着のつかない競合をくり広げる信仰諸勢力の多元性の承認に対応している。実践的問題はもはや真偽決定が不可能であり、価値は非合理になったのである。最後に、道徳観念は理論的な解釈体系からはるかかなたに切り離された。市民《ブルジョワ》的エゴイズムは、功利主義的な世俗倫理というかたちで一般化し、合理的自然法という基礎づけのしがらみから距離をとって、「常識《コモン・センス》」として無難なものになった。一九世紀中頃以来、こうした過程は宗教と哲学の「止揚にして廃棄」として意識されるようになったが、これはなんとも賛否相半ばする過程である。こんにちでは宗教は、もはや私事ですらない。しかし、大衆の無神論においては、伝承のなかにふくまれていたユートピア的内容もまた消滅しかかっている。哲学からは形而上学的な請求が剝奪されたが、しかし支配的な科学主義においても、科学主義が開発し構築して、悪しき現実がそれを前にみずからを正当化せざるをえないさまざまなものが崩壊しつつあるのだ。

(2)私生活主義的な志向に直接関連するブルジョワ・イデオロギーの構成要素も、社会変動によってその土台を失いつつある。

業績イデオロギー　近代自然法のはじまりから現代の選挙演説にいたるまで変わることなくつづいてきた市民的《ブルジョワ》観念にしたがえば、社会的な損害の賠償は個人の業績に応じて分配されるべきである。賠償として支払われる一時金の分配はあらゆる個人の業績のちがいというモデルをそっくりそのまま反映すべきだというのである(77)。そのための条件は、外部からの影響を中立化できるように規制された競争への参加の機会均等である。そうした配分メカニズムとしては市場があった。商品交換のかたちで社会的暴力が行使されていることを多くの住民も見分けることができるようになってからというもの、市場は、システム適合的な生活機会を割りあてるための業績に応じた公正なメカニズムであるという信頼性を失いつつある。そのため新しいタイプの業績イデオロギーにおいては、市場での成功にかわって、正規の学校教育によってもたらされた職業上の成功があらわれている。もっとも、このタイプの業績イデオロギーが信頼性を要求することができるのは、以下の条件が満たされている場合だけである。

・上級学校への進学の機会均等
・学業成績の差別のない評価基準
・教育制度と雇用制度の同時的発展
・個人ごとの業績に応じた評価をくだすことのできる実用的な構造をもつ労働過程

進学機会と評価基準という点での「学校の公正さ」は、第二次世界大戦以来すべての先進資本主義社会で増大したといえるかもしれないが(78)、それ以外の二つの次元では逆の傾向を見てとることができる。すなわち、まず教育制度が雇用制度の変化とは無関係にますます拡大し、そのため長期的な観点から見れば、正規の学校教育と職業上の成功との関連は弛緩してゆくといえよう(79)。それと同時に、生産構造と労働過程の性質上、個人ごとの業績にたいする評価がいっそう現実離れしたものとなり、そのかわりに職業的地位の割りあてにあたって機能外の職業役割の要素が次第に重要になる領域が増大しつつ

ある。(80)

それはそうと、これまで職業役割をつうじてアイデンティティを形成することのできた部門にまで、断片化された単調な労働過程がますます入り込んでいる。職業に内在する業績への動機づけは、市場に依存した労働部門では、労働過程の構造によって支えられることがますます少なくなっていく。労働にたいする道具主義的な態度は伝統的に市民的とされる職業(中級職員、上級職員、専門職)でも広まっている。だが、職業に内在しない外的な業績への動機づけを賃金所得によって十分に刺激することができるのは、

- 労働市場における予備軍が効果的な競争圧力をくわえる場合
- 低賃金集団と非実働労働人口とのあいだに十分な賃金の格差がある場合

に限られる。

これら二つの条件は、こんにちではもうなかなか満たされなくなっている。慢性的な失業者をかかえる資本主義諸国(アメリカ)においても、(組織化された部門と競争部門との)労働市場の分断が自然発生的な競争メカニズムを阻害している。他面では、(福祉国家的な見地から承認された)「貧困線」が上昇するのにともなってプロレタリア以下の

層(オコンナーのいう意味での「過剰労働力」)においては、低所得者集団の生活水準と労働過程から一時的に離脱した集団の生活水準が互いに接近している。これによって(また病人や犯罪者のための社会復帰サービスによっても)、下層においては、地位をめぐる競争への刺激が弱まっている。

所有的個人主義　市民《ブルジョワ》社会は、もっぱら私的な富をつうじて社会的な富を蓄積する、すなわち戦略的に行為する私人間の競争をつうじて経済成長と公共の福祉を保証する道具的な集団であるという自己理解をもっていた。こうした事情のもとでは、集合的な目標を実現するには所有的個人主義的な利益志向を経由するしかない。ただし、この選好体系は以下のことを前提としている。

- 私的な経済主体は一定の期間、固定的な需要を主観的に疑問の余地なく知り、計算することができる。また、
- この需要は、個人的に要求できる財によって(システム適合的な、通常は金銭による見返りをつうじて)満たすことができる。

これら二つの条件は、発展した資本主義社会においてはもはや当然のように満たされるものではなくなっている。そうした社会における社会的な富は、生活におけるごく少

数の基本的なリスクの予防や「基本的必要《ベーシックニーズ》」の充足はもう問題ではない水準に到達している。そのため個人主義的な選好体系はぼやけたものとなる。満たすことのできる選択肢の地平が拡大されたことによって、だれにも相談せずとも確かめることのできる仮決定ではもはや十分ではない。新たな消費機会にとって疑問の余地のない指針を提供してくれる社会化された上流階級の文化は、(国による差異はあるとしても)その力を失っている。欲求がどのようなものであるかを解釈し、たえず解釈しなおすことは集合的意志形成の主題となり、そこでは自由なコミュニケーションはもっぱら大衆操作に、すなわち強力で間接的な制御にとってかわられる。需要する側の選好体系の自由度が増大すればするほど、供給する側にとっては販売戦略がいっそう差し迫った問題となる――消費者の私的自治、すなわちだれにも相談しなくても確かめることのできる選好にしたがって決定することができるという見かけを維持すべきであるとすればいずれにしてもそうなってくる。消費者が独占主義的な競争の市場戦略に風見鶏のように順応するのは、所有的個人主義の表向きの体裁として維持されなければならない消費者自治の皮肉な姿である。そのうえ、生産の社会化が増大するのにともなって、消費財全体における集合的使用財の割合が増加する。複雑化した社会における都市型の生活条件は、多様化する需要や私的取得の諸形式からますます距離をとるインフラ（交通、レジャー、医療、教育など）への依存度を高めていく。

交換価値志向　最後にここで、市場の社会化効果を弱める傾向を想い起こさなければならない。それはなによりも、一面では、労働所得によって自身の生活を再生産することのできない住民層（生徒や学生、福祉受給者、年金生活者、病人、犯罪者、兵士など）が増大する傾向であり、他面では、抽象的労働にとってかわって具体的労働がおこなわれる活動領域が拡大する傾向である[81]。労働時間の減少（と実質所得の上昇）との関連で、職業の問題にたいしてレジャーの問題が重要性を帯びることによっても、金銭によって充足することのできる欲求はかならずしも特権的なものではなくなってくる。

(3) 前市民《ブルジョワ》的な伝統や市民的な伝統の構成要素が腐蝕することによって、国民的な私生活主義と家族的・職業的な私生活主義の再生産に不向きな規範的構造が出現する。文化的伝承のうち、こんにち支配的な構成要素は、科学主義、アウラなきあとの芸術、普遍主義的道徳を核として結晶化している。それらの領域のいずれにおいても、内在的な論理にしたがった不可逆的な発展が生じている。これによってさまざまな文化的障害が発生しているが、それは退行という心理的な代償を支払うことによってしか、すなわち常軌を逸した動機づけのストレスなしには突破できないだろう。ドイツにおけるファシズムは、科学主義の根本的な信念や現代芸術《モデルネ》、法や道徳についての普遍主義的な理解のボーダーラインより下に意識を集合的に退行させようとする豪奢な試みの一例である。

科学主義　発展した社会において科学体系がふるっている権威の政治的帰結はアンビヴァレントなものである。一方では、伝統主義的な信仰という態度は、近代科学の発展にともなって確立された《討議によって正当化せよ》という請求に耐えることができないが、他方では、世界についての包括的な解釈にかわってあらわれた個別情報からなる短命な通俗的綜合は、抽象的一面的なしかたで科学の権威を保証する。したがって、「科学」という決定の審級は、恣意的な先入観構造にたいする広範囲に効力のある批判と、専門知識と専門家の判断という新しい秘教の二つを援護することができるのである。科学の科学主義的な自己肯定は、脱政治化された公共圏を支える実証主義的な共通意識を増進することができる。他方で、科学主義は基準を設定し[82]、この基準にしたがって科学主義が自己批判し、温存された独断論であると証明されることが可能となる[83]。テクノクラシー理論やエリート理論は、制度化された国民的な私生活主義がシステムの存続に必要であると主張するが、いやしくも理論であると主張せざるをえない以上、さまざまな異議を免れることはできない。

アウラなきあとの芸術　現代《モデルネ》芸術の帰結はこれほどアンビヴァレントではない。現代は、芸術を芸術の外部から利用しようとする世間のしがらみに対抗して市民《ブルジョワ》芸術の自律性を徹底させた。こうした展開によってはじめて、所有的個人主義的で業績と利益を志向する市民層の生活様式に対抗して、ほかならぬ市民社会の只中から生まれてくる対抗文化《カウンターカルチャー》がその姿をはっきりとあらわすのである。一九世紀の首都としてのパリ(84)でまず確立されたボヘミアンには、市民的芸術作品のアウラのなかにまだ言挙《ことあ》げされぬままあらわれていた批判的な請求が体現されていた。商品所有者の「もうひとつの自我」、すなわち市民《ブルジョワ》がかつて芸術作品をひとり孤独に鑑賞するなかで出会うことのできた「人間」は、まもなく市民から分離し、芸術的な前衛《アヴァンギャルド》という姿で敵対する勢力として、一番よくて誘惑者として市民に対抗したのである。市民階層《ブルジョワジー》は、かつては芸術美のなかに何よりも自身の理想と、たとえ虚構でしかないとしても日常のなかでは延期されたままである幸福の約束の実現を経験することができた。だが、じきに急進化した芸術のなかに、社会的実践の補完というよりも、その否定を認識せざるをえなくなった。市民的芸術作品のアウラに、すなわち、すでに世俗化して博物館行きになった聖物にたいする崇拝めいた傾倒には、美的仮象がもつリアリティにたいする信仰が反映されていた。アウラとともにこうした信仰もまたたち消えていく。芸術を享受しようとする公衆にたいして、フォルマリズム的な芸術作品が芸術家の立場を前面に押し出して自立化することは、新しい不信仰のかたちであり、アヴァンギャルドとブルジョワジーとの溝はその不信仰を確証している。「芸術のための芸術」という旗印のもとで芸術の自律主義は極端なまでに押しすすめられ、ひいては、市民社会においては芸術は幸福の約束を表現するのではなく、市民的合理化の取り返すことのできない犠牲を表現しているという真理が明るみに出てくる――それは〔幸福の約束を表現する芸術とは〕まったく共存しえない経験であり、留保されてはいるがたんに先延ばしにされているだけの欲求充足の秘教的な実現ではないのである。

現代芸術《モデルネ》は、市民芸術《ブルジョワ》がそのなかで対抗文化への転換の兆しを見せる覆いである。そうであるならシュールレアリズムは、現代芸術がそのめざすところにしたがってもはや美しいとはいえない仮象の覆いを決定的に引き裂いて、昇華する能力を奪われて実生活に入り込んでゆく歴史的瞬間を示している。芸術と生活のあいだにあるリアリティの諸段階を均《なら》していく動きは、なるほどベンヤミンが想定したように大量生産と大衆の受容のための新たな技術によってはじめてひき起こされたわけではないが、やはりなんといってもそれによって促進されたのである。作品が生産過程を透明化し、みずからを製造されたものとして呈示したことによって、モデルネ芸術はすでに古典的なブルジョワ芸術のアウラをぬぐい去っていた。しかし、芸術が使用価値の総体に入り込むというのは、自律的な地位を犠牲にした段階にいたってはじめて生じたことである。この過程はアンビヴァレントである。それは、〔一方では〕芸術がプロパガンダ的な色彩の濃い大衆芸術や商業主義的な大衆文化へと退化したことを意味するといえるが、他方では、破壊的な対抗文化へと変化したともいえるのである。同様にアンビヴァレントなのがフォルマリズム的な芸術作品への固執であり、これは一方では、市場によって決定づけられた消費者の欲求や態度に順応させようとする強制力に、ひいては芸術の偽りの廃棄に抵抗するが、しかし他方では大衆には近寄りがたいままにとどまり、そのため強烈な経験の顕教的な救出を、ベンヤミンのことばを用いるなら世俗的な啓示を、妨げるものにもなる。ベンヤミンの予測よりもアドルノの予測のほうが正しいかどうかにかかわりなく、アヴァンギャルド芸術がその意味論的内容をまったく奪われずに、そしてますます力を失いつつある宗教的伝統と運命をともにするのでなければ、社会文化システムが提供する価値と、政治システムと経済システムが要求する価値との相違はますます大きくなることになる(85)。

普遍主義的道徳　システムの機能にかかわる要素を喪失したブルジョワ・イデオロギーが政治システムと経済システムの発展のためにうみだす歯止め効果は、もちろん科学の権威や現代芸術の自己解消におけるよりも、道徳体系においていっそう明瞭にあらわれている。道徳秩序と法秩序は、文明的な発展段階において分化する。伝統的社会においては、国家倫理は個々の氏族的忠誠や家族的忠誠を間接支配に用いている。国民の義務と家族の絆が競合するのである。国家倫理の出現とともに、規範体系の妥当領域はより広範囲に、そしてより抽象的になるので、制裁権力が一部は形式化され(法制化)、一部は内部化される(内面化)。もちろん道徳体系と法秩序は、支配を正統化する世界像の統一的な解釈枠組みのなかでまだ統合されている。けれども、伝統的社会が近代化の過程に入るとすぐに、複雑性の増大から制御問題が生じ、それは自然発生的な文化的伝承にそなわっている歩みを上回る社会規範の変動の加速化を要求する。こうして、たんなる伝統の教義論から規範内容を解き放ち、これを意図的に規定することを可能にする市、民的な形式法が成立する。実定化された法規範は、一方で私事化された道徳規範の集成から切り離されるが、他方では原理にしたがった創出(と正当化)を必要とする。抽象的な法ないし権利は国家暴力によって平定された領域でのみ妥当するが、それと同様に普遍的原理の水準にまで高められた市民的《ブルジョワ》な私人たちの道徳は、国家間に存続する自然状態によっては制限されない。原理にもとづいた道徳はもっぱら良心という完全に内面的な審級によってのみ裁可されているので、この道徳の普遍性請求には、相変わらず具体的な国家的主体と結びついた公共道徳との葛藤の素因がふくまれている。すなわち、「人間」の世界市民主義《コスモポリタニズム》と(国際関係が強国の具体的な倫理に従属しているかぎり普遍主義的であることはできない)国民の忠誠とのあいだの葛藤である。

この葛藤の解消は、(普遍化と内部化という次元において)社会総体の規範体系の発展の論理にしたがうならば(それゆえ歴史的実例の領域に立ち入らないならば)、対内道徳と対外道徳という二分法が消滅し、道徳によって規制される領域と法によって規制される領域の対立が相対化され、あらゆる規範の妥当が潜在的な当事者たちの討議による意志形成に結びつけられる、というやりかたによってのみ考えられる。これは強制的規範の必要性を排除するものではない。というのも、攻撃性がどの程度制限できるか、そして討議的な正当化原理の自由意志による承認がどの程度実現できるか、だれも(こんにちのところは)知ることはできないからである。さしあたり組み立ててみただけとはいえ、この段階においてはじめて道徳は厳密な意味で普遍的になり、それとともに法と道徳の分化という意味で「たんに」道徳的であることをやめるだろう。内部化の過程も、ありうべき諸原理を正当化する原理(すなわち実践的問題を討議によって解明しようという心がまえ)が内面化されるだけで、その他の点では欲求のたえまない解釈がコミュニケーション過程へゆだねられるならば、そのときはじめて完全なものになるだろう。

自由主義的資本主義がはじめて厳密に普遍主義的な価値体系に拘束力をあたえたわけであるが、それは交換関係そのものが普遍主義的に規制されなければならないからであり、それ以外にも等価交換が国家を伝統主義的な正当化のしかたから解放するうえで有効な基礎的イデオロギーを提供したからである。ところで、組織資本主義においては、このブルジョワ的な正統化のしかたの基盤は崩壊するが、同時に新たな、そしてより多くの正統化の要求が生じている。だが、科学の体系は到達された蓄積的知識の水準よりも下のところに意図的にもどることはまず不可能であり、また理論的討議がひとたび制度化されれば、理論的進歩を阻止することもほとんど不可能であるが、それと同じように、道徳体系も、ひとたび実践的討議が許容されれば、集合的に到達した道徳的意識の水準をあっさり忘れさせたり、さらなる道徳的発展を妨げたりすることはまずできない。道徳体系と科学体系が、わたしが仮定するように、ある種の内的論理にしたがっているならば、それは、道徳の進化が科学の進化と同様に真理に依存しているということを意味するのである。

この大胆な主張を、わたしは偶発的ではない――合理的に動機づけることができるという意味でこの語を用いている――市民的な形式法から政治的な普遍道徳への移行という観点から解説したい。原理にもとづいた道徳のこの二つの段階を満足のいくかたちで区分するために、わたしはこれに対応する哲学的な体系構成を引き合いに出すことにする。

規範と原理（すなわち、それにしたがって諸規範をうみだすことのできるメタ規範）をしっかり区別するために、わたしは（規範という概念をわたしにあたえる）普遍化の操作をそれ自身に適用する。さらに、普遍的妥当は、任意の諸原理のなかからある原理を際立たせることを可能にする唯一の形式的観点である。したがって、原理にもとづいた道徳とは、普遍的規範（すなわち、例外なき、特権化することなき、妥当領域の制約なき規範）のみを許容する体系である。近代自然法はこの規準に適合する法規範の体系を発展させようと試みた。平等の普遍性を保証する諸規範は、法規範の形式的性質によって保証されうる。形式性が意味しているのは、（伝統的な自然法や倫理におけるような）具体的な義務ではなく、抽象的な許容だけで法的に規範になりうるということである（行為は命じられてはならず、ただ自由に任せられるか禁止されるかにすぎない）。そうなると、許されるのは、各人が私的自治をつうじて、すなわち処罰の対象とならない手段の無制限の使用をつうじて自身の特殊な利益を追求する活動のできる共存可能な空間を画定する規範であり、そうした規範だけである。こうした特殊利益そのものは道徳的に中立である。ただ法体系全体だけが、法共同体構成員の全員におよぼす福祉や自由の最大化の効果にてらして正当化される。そのかぎりでは、倫理はなおも正統化の基礎でありつづけている。これが可能なのは、形式法が定義上、合法的行為の領域を囲い込むことによって、その外に相補的領域である道徳的行為を締め出すからである。

この〔後者の〕領域をも自然法と同じ規準にしたがって規範化する道徳体系が普遍主義的功利主義であり、これにしたがえば、個人の快楽や利得を最大化するあらゆる戦略的行為は、快楽や利得を最大化するあらゆる他者の機会と共存できるかぎりで許容される。

ただし功利主義は、慣習的な義務倫理において到達した内部化の段階よりも下に後退している。行為の動機が道徳的に責任を帰することのできる主体の外にとどまっているからである。かりに行為の動機をも道徳的評価の領域にふくめることができなければならないとすれば、普遍的法則に合致するだけでなく、法則にたいする尊敬によってのみ(そして行為の帰結を経験的に考慮することなく)動機づけられた行為だけが道徳的に善いと呼ぶにあたいする行為であると要求せざるをえない。形式主義的倫理(カント)は、規範の普遍性という規準をさらに自律という規範、すなわち偶発的な動機からの独立性という規範と結びつける。

もっとも、形式主義的倫理の限界は、義務と一致しえない傾向性が道徳的に重要な領域から排除され抑圧されざるをえないという点にあらわれている。そのさい、たまたまいる社会化の段階のそれぞれにおいて妥当する欲求の解釈は所与のものとして受け入れなければならない。これらの欲求の解釈のほうを討議による意志形成過程の対象にすることはできない。コミュニケーション的倫理によってはじめて、許容される規範の普遍性と行為主体の自律は、もっぱら規範が掲げる妥当請求を討議によって認証しうることをつうじてのみ保証されるのである。すなわち、あらゆる当事者が(強制なき)討議の参加者として、討議をつうじた意志形成に参入する(あるいは参入するであろう)ならば合意する(あるいは合意するであろう)規範だけが妥当を要求してよいというしかたで、許容される規範の普遍性と行為主体の自律が保証されるのである。そうなると、どの部門が場合によっては妥協によって、あるいは形式的な行為規範によって規制されるべきか、という問題も討議の対象にすることができる。コミュニケーション的倫理こそがはじめて普遍的なので(あって、形式主義的倫理のように法規範から分離した私人道徳の領域に制限されることがないので)ある。また、コミュニケーション的倫理こそが、(衝動のポテンシャルをコミュニケーション的行為の構造へと組み入れる過程を、まさに社会化過程を「意志と意識をもって」継続することによって)はじめて自律を保証するのである。

(4)こんにちでもまだ命令法的な力をそなえている規範的構造と政治・経済システムとのあいだに機能的に十分な一致が存在しないとしても、動機づけの危機は依然として文化システムの離脱によって回避できるかもしれない。「離脱」とは、文化が私的な享受や職業的関心の対象にとどまり、一種の放し飼い区域として完全に行政による自然保護のもとにおかれるが社会化過程からは切り離されている状態である。「離脱された」文化的要素のかわりになることのできる伝統の代替物は見あたらないという点を別にすれば、コミュニケーション的倫理の根本的確信とアウラなきあとの芸術を具現する対抗文化の経験の複合体が、いくつかの階層に特有な社会化過程にとってこんにちすでに決定的役割を果たしているということ、すなわち動機を形成する力を獲得したということは説得力をもって主張することができる。デーベルトとヌンナーがある資料で展開している主張によると、思春期の段階における課題を、慣習重視的な規範の枠組みのなかでとくに目立たないかたちで解決することがむずかしくなればなるほど、それだけいっそう文化的伝承の支配的要素の「意味論的過剰」に「訴える」ことが多くなり、結局それが行動にとって重要になってくることが多くなるというのである。K・ケニストンは、非慣習的な方法で思春期の危機から脱することの意味を、ティーンエージャーが社会によってあたえられる解釈モデルにたいしてとる反省的態度、そしてこうした文化的解釈と対決してみずからのアイデンティティの定義を自分でなんとか手に入れられるようにする反省的態度を手がかりに解説している。

われわれは、一方で態度と信念体系、他方でいかなる特定の態度や信念もそのなかに保たれている認知枠組みや発達水準を、従来よりもはるかに鮮明に区別することが必要になるだろう。ずっと昔、ウィリアム・ジェイムズは一度生まれのひとと二度生まれのひとを対照させていた。それによれば、一度生まれとは、幼児期の確信を無反省に「無邪気に」受け入れているひとのことである。二度生まれとは、まさに同じ確信を手放さないでいるかもしれないが、こうした信念にたいする懐疑、批判、吟味の長い期間をへて、異なるしかたでそうしているひとのことである。態度として見れば、一度生まれのひとと二度生まれのひとの信念は同一かもしれない。しかし、一度生まれのひとと二度生まれのひとの心的傾向、認知枠組み、発達水準はきわめて異なっている。いいかえれば、われわれはひとびとがそれを保持している信念を検討するだけでなく、それを保持しているしかた――彼らの世界観の複雑さ、豊かさ、構造をも検討する必要があるわけである。政治的に、また社会的に見ると、特定の下位文化《サブカルチャー》の成員が保守的であるかリベラルであるかよりも、彼らが相対主義的な真理観をいだいていることのほうがもっと重要であるかもしれないのだ。(86)

この区別を借りると、わたしのテーゼは以下のように表現することができる。すなわち、思春期の危機がたどる推移形態が「二度目の誕生」を余儀なくさせるようになり、思春期から慣習的に巣立っていくのを妨げることが頻繁になればなるほど、それだけいっそう文化的伝統のうちでこんにち支配的な(そしてその作用が機能不全を起こしている)構成要素がパーソナリティ・システムの局面に反映される蓋然性が高くなる、というのがそれである。伝統の明示的な適性検査に最もよく耐えるのは、論理的な根拠からいって、普遍主義的価値体系と対抗文化の経験の複合体である。思春期の危機が慣習的な推移形態をたどる蓋然性が低下しているという事実は、以下の指標[87]から裏づけることができる。

- 教育制度の拡張が養成期間を長期化し、ますます多くの住民にとって、思春期前半(一三歳から一六歳)における心理社会的なモラトリアムとこの段階の延長(極端な場合は三〇歳にいたるまで)を可能にしている。
- 認知的能力の正規教育によって、提供される解釈モデルと社会的現実との不協和が感じとられ、アイデンティティにかかわる問題が尖鋭化する蓋然性が高まりつつある。
- 平等主義的な家族構造への発展と中間層に特有のしつけのテクニックの普及は、ティーンエージャーにとって思春期問題の負荷をより多く負わせる社会化過程を促進している。

- 薬学的に可能となった性的禁止の緩和〔一九六一年に西ドイツでピルの市販が開始されたこと等が念頭にあろう〕は（直接の経済的強制からの一時的で階層別の格差のある解放と同じように）、思春期の若者にとって拡大された実験空間のなかで不安のない社会化過程をたどる蓋然性を高めるという効果をもたらしている。

それはそうと、役割体系がこんにち到達した複雑性の程度から導き出せるのは、後期資本主義社会においては、ますます多くの成員が役割行為の普遍主義的な基本的資格を意のままにできるようでなければならないということである。文化的伝統は原理にもとづいた道徳を、政治・経済システムにおいて葛藤をもたらさずには機能しえないコミュニケーション的倫理というかたちでしか信頼にあたいするものとして提示しないので、思春期の危機がたどる非慣習的な推移形態においては少なくとも二つの出口を予想することができる。ひとつは、パーソナリティ資源への過剰な要求にたいする反応としてのひきこもり（ケニストンが「疎外型」と呼んで観察し研究した行動症候群）、もうひとつは、所与の条件のもとで葛藤がなければ安定することのできない自律的な自我組織から帰結する抗議《プロテスト》である（ケニストンが「ヤング・ラディカルズ」について記述した行動症候群(88)。

体制《システム》批判のポテンシャルをティーンエージャーの集団に求めることに意味があるということは、正統化批判や無気力《アパシー》の行動症候群について理論以前のレベルでおこなわれた現状調査においても裏づけられている。活動家の側には、学生運動、生徒や見習いの叛乱、平和主義者、ウーマン・リブがいる。逃避主義者の側を代表しているのは、ヒッピー、ジーザス・ピープル、薬物サブカルチャー、学校における動機づけの低下の諸現象などである。こうした幅広い多様性をもつ行動ポテンシャルを、経済的な危機の理論においてなされている月並みな心理学的仮定(収奪が抗議をもたらす)に関連づけて説明することはできない(89)。

第八節　回　顧

これまでに提示してきた議論のスケッチは、たとえもう少し入念に練り上げられたものであったとしても、後期資本主義の理論が取り組まなければならない諸問題(上記七五頁以下を参照)に解答をあたえるには不十分だろう。わたしはせいぜい以下の総括的な確認に一定の説得力をもたせることができればと望みたい。

(1)経済システムが国家にたいする機能上の自律を失ったため、後期資本主義における危機現象もその自然発生的性格を失った。われわれの社会構成体にとっては、わたしが導入した用語の意味でのシステム危機は予期することはできない。もっとも、そのかわりにあらわれた危機傾向は、システム危機をさしあたり抑え込むことに成功したことから成立した構造にその原因を求めることができる。ここから、周期的な経済的危機は持続的危機へと緩和され、それが一方では行政によってすでに処理された問題として、他方では依然として行政による制御がまだ十分におよばない運動として出現するということが説明される。そうしたからといって、危機管理が機能せずに重大な影響をあたえるような情勢はありえないというわけではなくて、そうした情勢の出現はシステムの観点からは予言することはもはやできないのである。

(2)経済的な危機傾向は政治システムに置きかえられるが、これは、正統化の供給が合理性の不足を埋め合わせることができ、組織合理性の拡大が発生する正統化の不足を埋め合わせることができるというような、国家の反応的な回避行為をつうじておこなわれる。このようにして、いうなればいくつかの危機傾向の束が成立するが、これらの危機傾向は、発生の観点から見れば、下から上へと置きかえられる危機現象のヒエラルヒーの観を呈し、国家の危機管理の観点から見れば、一定の限界内においては相互に代替可能であるという面が際立っている。この限界は、一方では財政的に利用可能な価値量によって規定されるが——価値量の欠乏については危機理論〔恐慌論〕的には確実な予測は不可能である（(1)を見よ）——、他方では、社会文化システムの側からの動機づけの供給によって規定される。したがって、危機の予測にとって決定的なのは、価値と意味という稀少資源の代替的な関係である。

(3)文化システムにそなわっている、政治、専門教育制度、雇用制度にとって十分な動機づけをうみだす能力が衰えるにつれて、それだけいっそう乏しくなった意味を消費可能な価値によって代替しなければならなくなる。それと同じ程度に、普遍化できない利益のための社会化された生産から生じる分配モデルも危うくなってくる。正統化の調達にとって決定的な障壁をなしているのは、経済・政治システムにもはやイデオロギー的な資源を供給するのではなく、これに過剰な要求を突きつける硬直した規範的構造である。このおおまかな診断が正しいとすれば、長期的に見て、正統化の危機は、後期資本主義の潜在化した階級構造が変化することによって、あるいは行政システムにかかっている正統化の重圧が取り除かれることによってのみ回避されうる。とはいえ、それはそれでまた、そもそも内的自然の統合を別の社会化のやりかたに切り替えることによって、すなわち正当化を必要とする規範から切り離すことによって達成されるだろう。この可能性は終章で論じることにする。

第三章　正統化問題の論理によせて

これまで検討してきた動機づけの危機についての諸定理は、二つの前提にもとづいている。第一に、(フロイト、デュルケーム、ミードとともに)わたしは、動機づけはシンボルによって表現された期待・予期構造の内面化をへて形成されるという点から出発する。社会学でいわれる内面化(パーソンズ)の概念は、心理学のレベルでは一連の問題を提起する。学習メカニズムをあらわす精神分析の概念(対象備給、同一化、モデルの内面化)は、幼児期の動機学習についてのおびただしい経験的研究のなかで、一部は精緻化され、一部は認知主義的な解釈によって補われ、あるいは学習理論によってとってかわられた。ここではその点に立ち入ることはできない。第二のより強い前提に話をしぼろう。それは、動機がそれにしたがってかたちづくられる価値や規範は真理との内在的な関係をもつという前提である。これは、個体発生的な相からすれば、ピアジェ的な意味での動機づけの発達は認知と関連する道徳意識の発達と結びついており、そこでは道徳意識の諸段階は論理的に、すなわち規範体系と行動制御の体系的に秩序づけられた系列という概念を用いて追構成されうるということを意味する。道徳意識の最高の段階にはもとをただせば理性的な言説の根本規範に由来する普遍道徳が対応し、この道徳はそれと競合する倫理にたいして、(個体発生の面から観察できる意識段階のヒエラルヒーにもとづいて)経験的な優越性だけでなく、(その妥当請求の議論においての認証を引き合いに出して)体系的な優越性をも請求する。当面の文脈で関心の対象となるのは、先にいわれた事実として妥当する価値や規範は真理と関係しているというこの体系的な相のほうだけである。

マックス・ヴェーバーの正統な支配という概念[1]は、一方における正統性信仰と秩序の正当化能力、他方におけるそれが事実として妥当することとの連関に注意を向ける。正統性の基礎は、「支配の「妥当」が、すなわち支配者にたいする役人の服従、そしてそれら両者にたいする被支配者の服従の要求が、いかなる究極的原理によって支えられうるものなのか[2]」を認識させる。あらゆる階級社会は、その再生産が社会的に生産された富の特権的な取得にもとづいている以上、社会的な余剰生産物を不平等に、それにもかかわらず正統に分配するという問題を解決しなければならない。(3) 階級社会はこの問題を構造的暴力によって、すなわち、遵守されている規範体系のなかで欲求充足のための正統な機会《チャンス》の非対称的な分配が確定されることによって解決する。そのような規範体系が事実として承認されるには、たしかに当事者の正統性信仰だけでなく、遠回しな制裁の脅迫にたいする恐怖や服従、それに、自分自身の無力感や代案の不在(すなわち想像力の拘束)によるたんなる受忍(遵守《コンプライアンス》)をも支えとしている。けれども、既存の秩序の正統性への信仰が消滅すると、制度体系のなかに埋め込まれていた潜在的暴力がただちに解き放たれる——そうした暴力は、上からのあからさまな暴力として(これは一時的にのみ可能なのだが)、あるいは参加の余地の拡大というかたちで(これにともなって、正統な欲求充足のチャンスの分配率、すなわち支配の抑圧レベルもまた変化する)あらわれる。「いうまでもなく、支配の「正統性」は、ある有意な程度で正統性とみなされ実践的にそのように扱われるチャンスにほかならないと理解されてしかるべきである。支配にたいする従順さはどれも、なにはさておき、こうした信仰を志向するものであるなどとはけっしていえるものではない。従順さは、個々人や集団全体によって、まったく便宜的な理由から偽装され、物質的な自己利益から実用的に装われ、個人的な弱さやよるべなさからやむをえず甘受されるのである。しかし、これは支配の類型化にとって決定的なことではない。決定的なのは、その支配に固有の正統性請求が、それぞれの種類に応じて有意な程度に「妥当し」、その支配の存続を確固たるものにし、支配の手段の選択を決定するのにもあずかるという事情である」(4)。

こんにちの社会学では、マックス・ヴェーバーのいう意味での正統な支配の諸類型を正統化の形式と内容に応じて区別できるようにする正統性概念の有用性は、だれからも認められている。これに反して正統化と真理との関連性については論議が絶えない。「意味」という資源の体系的な欠乏から生じる動機づけの危機がありうることとみなされるならば、この真理との関連性を前提としなければならない。というのは、正統化の減衰が生じる非偶発的な理由を求めるならば、それは社会の受容能力を体系的に制限している解釈体系の「一途な」、いいかえれば真理と依存関係にある進化からしか得られないからである。

第一節　マックス・ヴェーバーの正統化の概念

正統化の真理への依存性をめぐる論争は、社会学のレベルでは、「合理的支配」についてのマックス・ヴェーバーによるあいまいな理解によってひき起こされた。「合理的支配」とは、近代社会を特徴づけている、法律に則《のっと》り手続きによって統制される支配という類型である。ヴェーバーはいう。「あらゆる経験にてらしてみるならば、いかなる支配にとっても、たんなる物質的な、またはたんなる情動的な、あるいはたんなる価値合理的な動機だけでは支配が存続する見込み《チャンス》として十分ではない。どのような支配も、むしろその正統性への信仰を目覚めさせ、それを育成しようとつとめる」(5)。それどころかヴェーバーは、一般的に「いかなる権力にも、いやそもそもいかなる生きるチャンスにも、自己を正当化しようという欲求」(6)が見られるとまで主張している。ところで、もし正統性信仰が経験的な現象として真理との内在的な関連性ぬきに把握されるのであれば、この信仰が明示的に依拠する理由は心理的な意味だけしかもたないことになる。そうした理由が特定の正統性信仰を十分に安定させるかどうかは、制度化された先入見と準拠集団の観察可能な行動傾向によって決まってくる。これにたいして、いかなる実効的な正統化信仰にも真理との内在的な関連性が前提とされるのであれば、この信仰が明示的に依拠する理由は、その心理的な効果から独立して吟味し批判することのできる合理的な妥当請求をそなえている。第一の場合には、正当化の理由の動機づけの機能だけが研究の対象になりうる。第二の場合には、その動機づけの機能は、その論理的な地位から、すなわち、合理的に動機づけるという批判することのできる請求から切り離して見ることはできない。このことは、よくあるように、こうした請求が事実に対抗して申し立てられ安定化される場合にもあてはまる。

この二つの選択肢は合理的支配[7]のとらえかたにとって、つぎのことを意味している。すなわち、第一の場合には、支配が正統であるとみなされるのは少なくとも以下の二つの条件が満たされている場合である。すなわち、①規範的秩序は実定的に定められなくてはならず、②法共同体構成員はその合法性を、すなわち法創造と法適用のための形式的に正確な手続きを信じていなくてはならない、の二点である。〔この場合には〕正統性信仰は合法性信仰へと収縮する。決定が合法的に成立したことを引き合いに出すだけで十分だからである。しかし、〔第二の〕正統性信仰が真理に依存している場合には、制定された合理的規則の体系にしたがって国家が法創造と法適用の独占権を行使しうるという事実を引き合いに出すだけでは明らかに不十分である。手続きはそれだけで正統化をうみだすことはできず、むしろ制定という手続きそのものが正統化の圧力にさらされるのである。したがって、合法的支配が正統であるとみなされるためには、少なくともさらにもうひとつの条件が満たされる必要がある。すなわち、この形式的な手続きが正統化の力をもつことの理由が挙示されなければならない。たとえば、憲法に適合するかたちで構成された国家権力にそうした手続きの権能があるというのがそれである。(8)

以上の立場のうち、第一のそれをこんにち代表しているのはニクラス・ルーマンである。「ある社会の法が実定化されているのは、純粋な合法性に正統性の承認があたえられている場合であり、それゆえ法が所定の規則にしたがって権限のある決定によって制定されているがゆえにまもられる場合である。これによって、人間の共同生活の中心問題において任意が制度となる」(9)。ここでルーマンは、カール・シュミットによって基礎づけられた決断主義的な法学説にしたがっている。「法の実定化とは、任意の内容にたいして正統な法の妥当・効力が得られるということ、しかも法に効力をあたえ、法から再び効力を剝奪することもできる決定によって正統な法の妥当が得られるということである。実定法は決定によって妥当する」(10)。正統化をあたえる決定の前提条件としては形式的な手続き規則で十分であり、この規則自体はそれ以上の正統化を必要としない。というのも、手続き規則は不確実性を吸収するという機能をもともと果たしているからである。手続き規則はすなわち、どのような決定が成立するのかという不確実性と、ともかくある決定が成立するという確実性を結びつけるのである。(11) 規範がその成立と適用の正確な手続きを超える実質的な正当化を必要とせずに抽象的な当為として妥当すれば、「行動予期を〔予期がはずれた場合の〕失望に耐えられるように安定化させ、それをつうじて構造を保障する」(12)のに役立つ。もっとも、規範的妥当がこの機能を果たすことができるのは、それが潜在的なままであり、明示的に当為という意味にはならないあいだだけである。「失望の処理と学習の社会的過程は、行動予期を規範づけるあらゆる場合に前提されてはいるが、それらは規範づけられた意味では反省されえないものである」(13)。正統性への事実的な信仰や規範の妥当請求を超えて妥当の批判可能な理由にたちもどって問題にすることは無意味である。必要とあらばそうすることができるという擬制は、むしろ、当為を保証する抗事実的な予期の構成要素のひとつなのである。これはこれでまた、もっぱら機能主義的な立場で、すなわち、妥当請求を機能上不可欠の錯誤として扱うことによってのみ、把握することができるのである。だが、(14) 合法性信仰が揺らいではならないとすれば、この錯誤をあばき出してはまずいのである。

先に挙げた二つの立場のもうひとつのほうを代表するのはヨハネス・ヴィンケルマン〔ドイツの法律家・ヴェーバー研究者(一九〇〇―八五)〕である。彼はマックス・ヴェーバーのいう意味での形式合理性を合法的支配のための十分な正統化の理由であるとは考えない。合法性信仰はそれ自体としては何ものをも正統化しないというのである。法実証主義はむしろ価値合理的に基礎づけられた万人の合意を必要とする。「価値合理的な要請は規範的な制定とその具体化のための統制的原理をなしている。［……］それによって画された形式的法原理の限界内にとどまっているような制定のみが規範的に正統化される」(15)。特定の形式的手続きが特定の制度的な境界条件のもとで実質的な正義の要求を満たすための理由が提示されうる場合に、かつその場合にだけ、合法性は正統性を創造することができる。「マックス・ヴェーバーにおける合法的支配の概念は、その原理的なとらえかたからすれば、合理的な、それも価値合理的な方向性をもつ制定法支配に関係しており、これが退化したかたちをとることによってはじめて、品位を欠き、価値中立的で、純粋に目的合理的な形式的合法性支配へと変質するのである」(16)。ヴィンケルマンのテーゼには〔ヴェーバー〕解釈論的な観点からすれば疑問の余地がある。なぜなら、それは、合法性信仰の価値合理的な基礎は基礎づけることも批判することもできるという体系的帰結へと通じているが、これは、諸々の価値体系や信仰勢力(17)の争いによる合理的には解決できない多元性というマックス・ヴェーバーの見解とは両立しないからである(18)。目下の文脈においては、これはそれほどたいした問題ではない。しかし、体系的な観点から見ても、実質的な根本規範を基礎づけることができるという仮定は、特定の規範的内容を理論的に別格扱いにしなければならないという困難に突きあたる。これまでのところ、伝統的自然法であれ、あるいは——ヴィンケルマン自身はこちらに傾いているようだが——近代的自然法であれ、いずれにしてもそうしたものを復権しようとする哲学的努力は、(シェーラーやニコライ・ハルトマンの説く意味での)実質的な価値倫理学を基礎づけようとする試みと同じように失敗に終わっている。正当性の請求が批判可能であることを示すためには、なにもそうした挙証責任を引き受ける必要もないのである。むしろ、われわれがいかなる討議《ディスクルス》においても、それゆえ実践的討議においても想定している理性的な言説の根本規範に訴えれば、それで十分なのである。

こうした趣旨でわたしはルーマンとの対決にあたって、基礎づけ可能な正統性信仰から合法性信仰を導き出したのである。

規範の成立の異論の余地のない手続きも、すなわち経過の適法性といえども、それ自体としては、政治システムのなかでそれぞれあらかじめ定められ、権限をあたえられ、また権限があると承認された機関が妥当している法にたいする責任を負うということを保証するにすぎない。しかし、もし純粋な合法性が正統性の目じるしとみなされうるとすれば、これらの機関は総じて正統化されなければならない支配体制の一部である。たとえば、ファシズム体制では、行政行為の適法性はたかだかカムフラージュの機能をもちうるにすぎない。ということはつまり、支配体制が支配権の適法的な行使から独立して正統化されることが不可能な場合には、法技術上の形式だけが、すなわち純粋な合法性が承認を持続的に確保することはできないだろうということを意味する。「決定のみに依拠する選択のはたらきが受け入れられるためには特別な理由が必要である」ことをルーマンは認めている。しかし彼の考えでは、制度化された手順の適法性によって、すなわち手続きによって、「決定が承認されるための補足的な理由がつくりだされ、この意味で決定のための権力がうみだされ、正統化される、いいかえれば、具体的なかたちで行使される強制に頼らなくてもいいようになる」。しかし、手続きはつねにもっぱら間接的に、ということは、それはそれで承認される必要のある機関に訴えることによって、はじめて正統化をおこないうるにすぎない。したがって、成文化された市民的憲法は、改正にたいして強力に保護された基本権の目録をふくんでおり、この目録は、支配体制のイデオロギーとの関連で理解されるかぎりで、かつそのかぎりでのみ、正統化の力をもつ。さらに、法の制定と適用の権限をもつ機関は、けっしてその手続き様式の合法性によって正統化されるのではなく、やはり支配体制を全体として支える一般的解釈によって正統化されるのである。議会主義と人民主権についての市民的《ブルジョワ》理論は、そうしたイデオロギーの一部であった。法規範の妥当は決定に、そして決定のみに基礎づけられうるとする考えは、それ自身イデオロギーの疑いのかかる法理論、すなわちまさしく決断主義がおかす根本的な誤解である。というのも、行為規範の素朴な妥当請求は、いかなる場合でも、討議による基礎づけ可能性に(少なくとも暗黙のうちに)訴えるからである。もし拘束力ある決定が正統であるとすれば、いいかえれば、具体的なかたちで行使される強制や公然たる威嚇的な制裁から独立して決定がくだされ、にもかかわらずそれが当事者の利益に反してでも規則にかなったしかたで貫徹されうるとすれば、その決定は承認された規範を充足するものとみなしてよいとしなければならない。こうした暴力をともなわない規範的妥当は、必要とあらば規範を正当化し、批判に抗して擁護することができるという想定にもとづいている。他方で、こうした想定もひとりでに生じるものではない。それは、正当化の機能をともなう合意可能な解釈の帰結であり、ことばをかえていうなら、支配を正統化する世界像の帰結なのである。(19)

正統化信仰と真理との関連性についての論争は、合法性信仰についてのマックス・ヴェーバーによる把握が火種となった。この論争は、いまでは行為規範や評価規範はそもそも基礎づけが可能であるか否かをめぐる問題になっている。それなのに、この問題は社会学の手段では解決することができない。もし実践的問題の真偽決定可能性が説得力のあるかたちで否とされることがありうるとすれば、わたしが唱えている立場は維持できなくなるだろう。そこで、わたしはまず(第二節と第三節で)規範的な妥当請求を基礎づける可能性を、すなわちその承認へと合理的に動機づける可能性を示し、つぎに(第四節で)既存の規範体系の正統性請求をめぐって、(われわれの社会のようなタイプの社会で)実際にどのような状態にあるのかを検討することにしよう。すなわち問題は、拘束力のある決定を基礎づけを欠いたまま受け入れることはこんにちでは普通のことになっているのか、それとも、機能上必要な動機づけは依然として正当化を必要とする規範の内面化をへてうみだされているのかどうか、である。

第二節　実践的問題の真偽決定可能性

存在と当為、事実と価値の二元論はヒューム以来原理的に明らかになったが、この二元論が意味するのは、記述的な命題あるいは言明から指令的な命題や価値判断を論理的に導き出すことはできないということである[20]。分析哲学ではこれが実践的問題を非認知主義的に取り扱う出発点になっている。われわれはこの議論の経験主義的な路線を決断主義的な路線から区別することができる。この両者は、道徳的命題が引き出されてくるもとにある価値前提は非合理的なものであるから、道徳をめぐる論争は結局のところ理由を挙げて解決することはできないという確信では軌を一にする。経験主義の仮定は、われわれが実践的命題を用いるのは、話し手の態度や欲求を表明するためか、それとも聞き手の側に行動の準備を生じさせる、もしくはそうするように操作するためである、というものである。分析哲学においては、この路線に沿って、とりわけ道徳的表現の情動的意味についての意味論的研究や語用論的研究が展開されてきた(スティーヴンソン、モンロー)[21]。決断主義の仮定は、実践的命題は理論的・経験的命題とは異なる論理にしたがう自律的な領域に属するものであり、この領域は経験ではなく、信仰のはたらきあるいは決断と結びついているというものである。分析哲学ではこの路線に沿って、義務論理（フォン・ウリクト）の問題についてであれ、指令的言語の形式的構造一般（ヘア）についてであれ、とりわけ言語論理的な研究が出現した。(22)

例としてK・H・イルティング〔ドイツの哲学者（一九二五―八四）。ヘーゲル法哲学研究でも著名〕の啓発的な論文を取り上げてみよう。この論文は、二つの路線の議論を結びつけ、実践的命題の正当化にたいする認知主義的な要求を退ける。イルティングは、カール・シュミット流に理解されたホッブズの立場を言語分析的な手段をもって復権させようと試みているのである。(23)イルティングは、規範を要求命題（命令法）から導き出すという、それ以上さかのぼって基礎を求めることはできない決定をあらかじめくだしている。原基的な要求命題は、①話し手はあることがそのとおりであることを欲し、そして、②話し手は、自分が望んでいる事態を聞き手が受け入れそれを実現することを欲する、ということを意味する（S.97）。①は特定の意志であり、②は要請を意味するわけである。さらにイルティングは、この要請にふくまれている考えと、こうした考えを受け入れそれにしたがって行為するよう要請された側の意志への訴えと、そして最後に、そうした訴えに応じるかあるいは拒むさいに要請された側が示す意志行為とを区別している。他者の命令にしたがおうという決意は、そうした要請によって論理的に、あるいは因果的に、「ひき起こ」されたわけではない。「期待できるのは[……]要請される側にもともとそのようにする傾向性があることか、あるいは、より大きな害悪の脅しによって突き動かされることだけである」(S. 99)。要請された側が命令法での要請にたいして自分の選択意志をどのように用いるかは、もっぱら経験的な動機に左右される。ところで、双方の当事者が互いの要請にしたがうことで一致するというしかたで二つの命令法が相互性にもとづいて結びつく場合、それは契約といわれる。契約というものは、契約を結ぶ者が「承認する」規範を基礎づける。「共通の規範の承認は、相手の利益になることをもたらすことが賢明であると一方の当事者に思わせることができるような一定の行動予期をうみだす。しかし、これによって、もう一方の当事者にも合意したことをおこなってほしいという要求は、(命令法の場合にそうであるように)要請された側が自分の選択意志にしたがって受け入れたり拒絶したりすることができるようなたんなる期待ではなくなる。それは、当事者がすでにあらかじめ行為の条件として承認した請求権になるのである」(S. 100ff.)。

イルティングが規範体系の再構成のために提案している命令法説的構成は、非認知主義的な証明目標にとっては好都合である。要求命題の認知的な構成要素（願望、命令）は命題内容（「欲された事態」、要請がふくんでいる「考え」）に限定され、意志行為（決定、信念、態度）はただ経験的に動機づけられる（すなわち欲求や利害関心を押し通す）にすぎないので、規範も、契約を結ぶ当事者の選択意志によって効力を発したとたんに、認知的な支持や問題化、すなわち正当化や反論をうけつける要素をふくむことはありえなくなる。実践的命題を、経験的に動機づけられた契約締結という事実を引き合いに出すのとは異なるかたちで「正当化」しようとするのは無意味だというのであろう。「共同で承認した契約規範の正当化を見つけ出そうとするのはあまり意味のあることではない。両当事者は、契約規範を承認する十分な動機をもっていたのである。［……］契約を維持するという規範の正当化を求めるのもやはり［……］意味がないだろう」（S. 101）。

このように提案された構成は（ちなみにそれが明示する内容はそれ自身の地位とは折り合えないだろう）、規範の意味と機能をできるだけ完全に説明するという課題にてらして評価される。さてしかし、この構成は、ひとつの中心的な意味要素を、すなわち、当為、いいかえれば規範的妥当をけっして満足のいくようには説明できていない。規範というものには拘束という性格があるわけで、まさにそこに規範の妥当請求がある。しかし、経験的な動機（傾向性、利害関心、制裁にたいする恐怖のような）だけが合意を支えているとすれば、なぜ契約当事者は、当初の動機が変化してもなお合意した規範に拘束されていると感じるのかはわからない。イルティングの構成が適切ではないのは、それが、具体的な命令にたいする服従と間主観的に承認された規範の遵守との決定的な差異を示していないからである。そのためイルティングは、つぎのような補助仮説をたてざるをえない。「いかなる規範の承認においても、つねに「根本規範」の承認が前提となっている。すなわち、規範の承認は、これ以後も意志自身にたいして承認を迫るであろう意志の行為とみなされなくてはならない」(S. 103)。しかしながら、これほど不合理な根本規範を承認するどのような動機が存在しうるのだろうか。規範の効力・妥当は、それを変更しないという義務を負うことによって基礎づけられるものではない。というのも、初期状態における利害の情勢はやがて変化するかもしれないし、またその利害の土台から自立した規範は、イルティング自身の構成にしたがえば、そもそも規範的な規制の意味を失うからである。他方で、一時的な利害情勢を規範によって無期限に固定するという不都合を回避し、見直しの余地を残しておこうとすれば、修正に有効な動機を特別扱いすることができなければならない。かりにどのような任意の動機の変化も規範を変更する十分な理由であるとすれば、要請の命令的な意味とは区別される規範の妥当請求とはいったい何を意味するのかはやはり納得しがたいだろう。他方で、あってよいのは経験的な動機だけであるとすれば、どの動機も他の動機と同じようなものとなる。どの動機もそれが存在するというだけで正当化されるというわけである。他の動機よりも特別扱いされる唯一の動機は、われわれが理由を挙げることのできる動機なのである。

こうした考察から明らかになるのは、われわれは合理的に動機づけられた一致に、あるいは少なくとも推奨された規範を受け入れることについての合意は理由とともにもたらされうるという確信にたちもどらないかぎり、規範の妥当請求を説明することはできないということである。しかしそうであるならば、たんに命令法が意味することを知っているだけでよい契約締結の当事者というモデルは不十分であるということになる。適切なモデルは、むしろ、実践的討議の参加者として規範の妥当請求を吟味し、これを理由とともに受け入れるかぎり、所与の状況のもとでは提起された規範が「正当である」という確信に到達する当事者たちからなるコミュニケーション共同体である。契約者同士の非合理的な意志行為ではなく、いつでも問題化することが許容されている規範を合理的な動機にもとづいて承認することが、規範の妥当請求を基礎づけるのである。だから、規範の認知的な要素は、規範づけられた行動予期の命題内容に制限されるのではない。規範的な妥当請求そのものが、この請求は討議において認証されうる、すなわち議論によって達成される当事者の合意に基礎づけられうる、という(たとえ抗事実的であるにせよ)想定の意味で認知的なのである。

　命令法説にもとづいて組み立てられた倫理学は、実践的命題のありうべき正当化の本来の次元である道徳的議論をとらえそこなっている。もっとも、マックス・ヴェーバーやポパーの例が示しているように、道徳的議論の可能性を容認しているにもかかわらず価値問題を決断主義的に取り扱うことに固執する立場が存在する。その根拠になっているのは、演繹的な論証だけを認める狭い合理性概念である。妥当な演繹的論証は、新たな情報をうみだすこともなければ、その情報の成分の真理値を規定することにも貢献しえないので、道徳的議論は二つの課題に担当を制限される。ひとつは、価値前提あるいはその根底にある選好体系の整合性の分析的吟味であり、もうひとつは、価値の観点から選択された目標の実現可能性の経験的吟味である。この種の「合理的価値批判」は、選好体系そのものの選択の非合理性を手直しすることはまったくない。

　ハンス・アルバート〔ドイツの哲学者(一九二一―)、実証主義論争、究極的基礎づけ批判でも著名〕は、批判的合理主義[1]の原則をメタ倫理学的に応用する方向でさらに一歩をすすめている。[24] 批判主義のように、科学について可謬主義的に解釈された批判的吟味の可能性は断念しないまま基礎づけの理念を断念しても、倫理学における正当化請求の放棄はただちに決断主義的な帰結をともなうわけではない。認知的請求は、実践的請求と同じようにそのつど採用された観点のもとで合理的に動機づけられた評価を受けるので、アルバートは、理論的・経験的命題とある意味で類比的な、実践的命題の批判的吟味の可能性を主張している。彼は価値問題についての論議のなかに「矛盾の積極的な追求」を取り込むので、道徳的議論は、諸価値の整合性や目標の実現可能性についての吟味を超えて、価値や規範の批判的な持続的形成という生産的な課題を担うことができる。

われわれの知るとおり、たしかに事実言明からただちに価値判断を演繹することはできないが、しかし事実についての修正された確信にてらしてみると、特定の価値判断が、われわれが従来いだいていた特定の価値についての確信とまったく両立しないことが明らかになることもある。[……]そこから、道徳的な問題についての従来の解決策が疑わしく見えてくるような新しい道徳的理念が考え出されるようなまた別の種類の批判が生じてくる。この理念にてらしてみて、これまで注目されていなかったり自明視されていたこうした解決策にふくまれる問題点がはじめて目に見えるようになることがしばしばある。これによって新しい問題状況が生じてくるのであるが、それは科学において新たな理念が出現する場合と同様である(S. 78)。

このようにしてアルバートは、すでにプラグマティズムの伝統のなかで、とりわけデューイ(25)が展開した、これまで伝承されてきた価値体系の理性的な解明と批判的な持続形成という理念をポパー的な批判主義のなかに取り込んでいる。ただし、このプランも核心部分では非認知主義的なものにとどまっている。なぜなら、それは、合理的に動機づけられることのできない決断と、もっぱら演繹的論証によってのみ可能である基礎づけあるいは正当化との二者択一に固執しているからである。必要な場合に限って援用される「架橋原理」もこの溝を橋渡しすることはできない。批判的合理主義において展開されている(基礎づけを断念した)非真理の排除という理念は、マックス・ヴェーバーが説くような価値体系や信仰勢力の多元性に対抗して、討議によって達成される理性的な合意の力を十分に発揮させることはできない。経験主義もしくは決断主義、あるいは両者につきまとう制限は、実践理性の努力に抗していわゆる価値多元主義を保護するので、議論の力をもっぱら演繹的論証がもつ反駁力だけに求めるかぎり、この制限を打ち破ることはできないのである。

これにたいしてパースやトゥールミン[26]〔イギリス出身のアメリカの科学哲学者（一九二二―二〇〇九）〕は、議論にそなわる合理的に動機づける力を、実質的な主張によって認識が前進していくことに見出した。これらの主張は論理的推論に支えられてはいるが、演繹的な言明連関のかたちで論じ尽くされるのではない。実質的な主張は、主張にふくまれる真理請求であれ、勧告や警告にふくまれる（行為や評価の）規範と結びついた正当性請求であれ、妥当請求の認証や批判の役に立つのである。それは、討議の参加者に妥当請求を納得させる力、すなわち、妥当請求を承認するように討議の参加者を合理的に動機づける力をもつ。実質的な主張は、命題ではなく発話行為（発話というかたちで用いられる命題）がそこで結合される説明と正当化、いいかえれば語用論的単位なのである。その結合の体系的なありかたは討議の論理の枠組みのなかで解明されなければならない[27]。主張を基礎づけるために用いられる理論的討議においては、勧告された規範を正当化するために用いられる実践的討議におけるのとは異なる議論の規則にしたがって合意がうみだされる。とはいえ、目標はいずれの場合も同じであって、討議によって認証しうる妥当請求の承認(もしくは否認)についての合理的に動機づけられた決定である。

行為規範の妥当請求にたいする合理的に動機づけられた承認とは何を意味するのかは、動機づけの討議的手続きから明らかになる。討議とは、主張もしくは勧告や警告にふくまれる潜在的な妥当請求だけを討論の対象とすることをその構造上保障するような、経験から独立し行為の負担を免除されたコミュニケーション形式であると理解することができる。そこでは、参加者、主題、分担は、問題だとされる妥当請求の吟味という目標にかんすることをのぞいて、制限されることはない。よりよい論証の強制以外のいかなる強制も行使されない。したがって、協力して真理を探究するという動機以外のあらゆる動機が排除される。こうした条件のもとで、ある規範の受け入れを求める勧告について、議論をつうじて、すなわち仮説として提案された多数の選択可能な正当化にもとづいて、合意が成立する場合、この合意は「理性的な意志」を表現しているのである。原理的にはすべての当事者に少なくとも実践的な協議に参加する機会があるので、討議において形成された意志の「理性性」は、規範にまで高められた相互的な行動予期が、錯誤なしに確かめられた共同の利益を主張するという点にある。ここで共同のということができるのは、強制なき合意は万人が望みうるものだけを認めるからである。また、錯誤なしにといえるのは、一人ひとりの個人が自分の望みうるものを再認識できるにちがいない欲求解釈も討議における意志形成の対象になるからである。適切に解釈された普遍化可能な利益――コミュニケーションをつうじて分かち合われた欲求とわたしはこの表現を解する――だけについて合意が成立しうることを討議や協議状況の形式的性質は十分に保証している以上、討議をつうじて形成された意志は「理性的」と称してかまわないだろう。一見究極的なものに思われる価値への態度決定(もしくは、信仰行為や生活態度)の不透明な多元性を前にしてお手上げだとあきらめるのではなく、利益の普遍化可能性を吟味するための議論が求められれば、実践的問題の決断主義的な取り扱いの限界はたちまち乗り越えられる。否認されるべきなのは、こうした多元性の事実ではない。議論によって普遍化可能な利益を特殊であり特殊でありつづける利益からそのつど区別することは不可能である、という主張が否認されるべきなのである。たしかにアルバートは、多かれ少なかれ偶然的な「架橋原理」のさまざまな種類を挙げてはいるが、実践理性がそのなかにあらわれる唯一の原則、すなわち普遍化の原則には言及していない。

この原則にてらしてはじめて倫理学における認知主義的アプローチと非認知主義的アプローチは区別される。分析哲学においては、「十分な理由アプローチ」（行為Xが行為Yとくらべて「より十分な」理由をどの程度まで挙げることができるかという問いから出発する）は、基本的な義務をその普遍的妥当の可能性によって特徴づける戦略的・功利主義的な契約道徳を更新した（グライス）[28]。論議のもうひとつの方向はカントへもどり、無条件的命令法（定言命法）を超越論的哲学の文脈から解き放って、これを「普遍性の原理」や「一般化論証」というかたちで言語分析的に追構成しようとしている（ベイアー、シンガー）[29]。エアランゲン学派の方法的哲学も、その道徳的論議の学説を実践理性批判の更新として理解している（ロレンツェン、シュヴェンマー）[30]。当面の文脈で興味をひくのは、実践的問題の協議のために認められる交渉言語の規範化の提唱よりも、むしろ実践的討議の参加者一人ひとりに自分の主観的な欲求を普遍化可能な欲求に変換することを義務づける「道徳原理」の導入のほうである。そのためロレンツェンは超主観性の原理というかたちもしている。

ところで、（なんらかの種類の）普遍化の指針の導入は、規範の正当化をそもそもはじめて可能にするはずの原理を循環的に正当化するという問題を結果的にうみだす。P・

ロレンツェン〔ドイツの科学哲学者（一九一五—九四）〕は、「もし信仰を消極的な意味にとって正当化されていない何事かを受け入れることと定義するならば」、道徳原理の承認は「信仰のはたらき」[31]であると述べることによって、決断主義的な問題が依然として残っていることを認めているのである。しかし彼は、協議の実践のなかで方法的に訓練することによって理性的な態度を身につけると考えるので、理性を実地に示して身につけさせることはできないが、社会化をつうじてある程度はなじませることができるとするかぎりで、信仰のはたらきから恣意的な性格を取り除いているわけである〔2〕。

シュヴェンマー〔ドイツの哲学者（一九四一— ）〕は、わたしの見方が正しいとすれば、こうした解釈にまた別の意味合いをあたえている。彼は、一方では自然発生的な相互行為連関のなかで体得される間主観的な言説と行為の実践についての先行了解を引き合いに出し、他方ではそのなかで形成される、発生した紛争を暴力によらずに処理する動機をあてにしている。しかし、方法的哲学が《究極の基礎づけ》を請求することから、シュヴェンマーもそれに見合うかたちで「第一の」決断を表明することを余儀なくされる。

道徳原理は、わたしがここで一歩一歩それにたいする動機づけをあたえ納得してもらおうとつとめてきた共同の実践という基盤のうえに据えられた。この共同の行為においてわれわれは自分の欲求を変換し、こうしてわれわれは、欲求の共同的な変換がわれわれの根源的な欲求(動機)の充足であり、われわれがそもそもそれによって共同の実践を採用するにいたったことを認識したのである。道徳原理を共同でうちたてるために必要なのは共同の実践への参加であり――そのかぎりで、それ以上の言説によっては正当化されない「決断」であり――、こうした参加によってはじめて他者の欲求を顧慮し理解した理性的な行為が可能になるのである。(32)

シュヴェンマーによる構成の難点は、ローサー、リュシャー、マチェエフキー、メンネの論稿で分析されている。「規範化された言説を構築する始元には、これをはじめる諸個人がいつでも共同の言論と行為の連関のなかにおり、この連関のなかで暴力のないコミュニケーション、すなわち「実践的協議」(シュヴェンマー)の先行形態の先取りをつうじて、基礎づけられた言説様式の構築を共同で企てるという点で一致しているということが必要条件をなす。この先取りがまだ解明されていない条件のもとでおこなわれるということは、エアランゲン学派がみずからの試みを、実践的問題を暴力のないコミュニケーションにおいて、すなわち「討議的に」解決する原理の獲得と貫徹の帰結として理解できるような歴史的に証明済みの試みととらえているのではなく、言説と暴力のあいだの決定そのものを実践哲学の構成のなかに移し入れているという点に示されている」[33]。

道徳原理の導入とともに出現する問題点は、規範的な妥当請求の討議における認証への予期は間主観性の構造のなかにすでにふくまれているので特別に普遍化の指針を導入する必要はなくなるということを見れば、ただちに片がつく。われわれは実践的討議をはじめることによって、いずれにしてもその形式的性質によって普遍化可能な利益についての合意だけを許容する理想的な発話状況を想定せざるをえない。認知主義的な言語倫理学にはいかなる原理も必要ではない。それは理性的な言説の根本規範だけを支えとしており、それはわれわれがそもそも討議をおこなうかぎりいつでも想定せざるをえないのである。日常言語のこの――そういいたければ――超越論的な性格は、エアランゲン学派も規範化された言語を構築する基礎として暗黙裡に要求しているのであるが、それはわたしが示したいと思っているように、普遍的語用論の枠組みのなかで追構成することができるのである[34]。

第三節　普遍化可能な利益の抑圧のモデル

これまで現代の倫理学の論争に脱線してきたが、それは実践的問題は真偽決定可能であるという主張を支持するためであった。もしそれが正しいとすれば、正当化可能な規範を暴力関係を安定させる規範から区別することができる。規範が普遍化可能な利益を表現するかぎり、それはある理性的な合意にもとづいている(あるいは、実践的討議がおこなわれうるなら、それはそのような合意を見出すだろう)。規範が普遍化可能な利益を規制するのではないかぎり、それは暴力にもとづいている。この場合、われわれは規範的権力というういいかたをする。

ところで、規範的権力のなかには間接的に正当化されうるという特徴をそなえたものがある。妥協がそれである。特殊利益のあいだの規格化された調停が当事者間の勢力均衡という条件のもとで実現する場合、われわれはこれを妥協と呼ぶ。特殊利益の領域で妥協を可能にするためにそうした勢力均衡を保証するような秩序原理は、権力分立である。(もうひとつの秩序原理は市民的《ブルジョワ》私法のなかで実現され、個別利益を戦略的に追求する自治的な行為領域を画定する。それは私人間の勢力均衡を前提とし、普遍化不可能な利益についての妥協を不要なものにする。）いずれの場合にも正当化されうる普遍主義的原理が適用されるが、それには規制される利益の普遍化可能性を否定することが許されるという条件がついている。普遍化可能性の諾否は、それはそれで討議のなかで吟味されるほかない。それゆえ、権力分立とデモクラシーでさえも同格の政治的秩序原理、ではない[3]。

民主的な意志形成は自由を保証する権力分立の原理によって箍《たが》をはめられないと抑圧に転化するという主張は反啓蒙のきまり文句であり、一九七二年一一月の総選挙に関連してヘルムート・シェルスキー〔ドイツの社会学者（一九一二―八四）。A・ゲーレンの弟子で保守派の論客〕によって蒸し返されている。

連邦共和国は、しばしば宣言されているその政治的な基本体制という点からすれば、「自由主義的・民主主義《デモクラシー》的な基本秩序」のなかの二つの原則の調和を具現している。このフレーズのなかで自由の原理が民主主義の原理よりも前に来ているのは、ひょっとしたら偶然ではないかもしれない。しかし、この原理的な基本秩序のなかで「より多くの民主主義」という優先順位が支配者たちによって基本方針として布

告されるとすれば、そこには気がつかないあいだにひっそりと「より少ない自由」の甘受が結びついているのである。(35)

このディレンマは、①権力分立は、討議によって正当化することができないので妥協が必要とされる利害領域を規制しなければならない場合にのみ正統に導入されることが許される、②特殊利益を普遍化可能な利益から合意可能なしかたで区別するのは、討議による意志形成という手段によってのみ可能である、という二点を見ればただちに真に受けるべきものではなくなる。ちなみに、たとえば「労働と資本の同権」の要請を掲げて、これまで討議をつうじた意志形成から遠ざけられていたが、そこに普遍化可能な利益が欠けているとはけっして想定されえない利害領域において権力分立を要求しているのは、シェルスキーの診断に反して、社会民主主義者なのである。後期資本主義において勢力均衡という条件のもとで将来「階級妥協」がたとえ成立するとしても、問題の焦点は――理性的な意志の形成を許容しないので妥協に行きつくしかない――特殊利益であるかどうかを討議において吟味する可能性がそもそも両陣営で実際のところ排除されているかぎり、妥協の正当化可能性は疑わしいままである。

妥協というものは、当事者の勢力均衡および交渉の対象である利益の普遍化不可能性という二つの条件の両方がそろってはじめて妥協として正当化されうる。もし妥協形成のためのこの一般的条件の少なくとも一方が満たされていなければ、それは見せかけの妥協である。見せかけの妥協は複雑な社会では正統化の重要な一形態であるが、歴史的に見れば通例とはいえない。伝統的な階級社会と自由主義的資本主義的な階級社会においては、事実に反するかたちで利益の普遍化可能性を主張あるいは想定する正当化のイデオロギー的形態がむしろ支配的である。正統化はこの場合には、規範体系の妥当請求が正当であることを示すと同時に、討議による妥当請求が前面に出てきて吟味されうることを回避するという二重の機能をもつ解釈（物語的叙述、あるいは理性的自然法におけるような体系化された説明と一連の議論）から成り立っている。その種のイデオロギーのはたらきに特有なのは、コミュニケーションを体系的に制限していることを目立たせないようにする点である。[36] それゆえイデオロギー批判的な社会理論は、普遍化可能な利益の抑圧というモデルから出発し、その時その時の既存の規範的構造を、その他の事情が等しければ討議によって形成される規範体系の仮説的状態と比較する場合にのみ、社会の制度体系に埋め込まれた規範的権力を突きとめることができるのである。このように抗事実的におこなわれる再構成は――これにかんしてP・ロレンツェンは「規範的発生」の手続きを提唱している[37]――、わたしの考えでは、普遍的語用論によって正当化された観点から導き出すことができる。それは、社会システムの構成員は、もし自分自身の社会の境界条件と機能上の要請について十分な知識をもって、討議による意志形成において社会的交通の組織化について判定をくだすことができ、またそうしようと欲するとするならば、彼らは生産力の所与の発展段階において自分たちの欲求をどのように集合的にかつ拘束力のあるかたちで解釈し、いかなる規範を正当化されるものとして受け入れるだろうか、という観点である[38]。もっとも、普遍化可能な利益の抑圧というモデルは、支配の見せかけの正統化の機能的な必然性を説明すると同時に、規範的な妥当請求をイデオロギー批判によって空洞化させるための論理的な可能性を説明するものであり、社会理論という面から見れば、経験的仮定と関連づけられてはじめて成果をもたらすことのできるものである。

行為を制度化された価値に方向づけることは、正統な欲求充足の機会《チャンス》の分配が規範的に確定されて当事者たちの事実上の合意にもとづいているあいだだけは問題視されない。この点は考察の出発点にしてよいだろう。それについて意見の相違が生じると、ただちにその時その時に妥当する解釈体系のカテゴリーのなかで普遍化可能な利益の抑圧という「不正義」が意識できるようになる。利害の葛藤《コンフリクト》についての意識はふつう、価値に方向づけられた行為を利益に導かれた行為に置きかえる十分な動機となる。すると、政治に関連する行動領域においては、コミュニケーション的行為のモデルは、稀少な財をめぐる競合をモデルとする行動類型に、すなわち戦略的行為に席をゆずる。だからわたしが「利益」と呼んでいるのは、共同で分かち合われていた(そして行動規範のなかで拘束力をもっていた)伝統を支えとする諸価値の結晶体から、正統化の剝奪と葛藤意識の台頭に応じて、いわば引きはがされて主観化された欲求のことである。

この紛争《コンフリクト》理論的な仮定は二つのレベルで討議モデルと結びつけることができる。わたしは〔第一に〕、紛争の場合にあらわになる当事者たちの利害情勢は、もし彼らが同じ時点で実践的討議に参加すると仮定するならば表明するにちがいない利益と申し分なくぴったり重なり合う、ということを経験的に仮定する。それにくわえて〔第二に〕、規範が紛争をともなわずに承認される通常の場合についても、基本にある欲求をそうした場合におけるようにたんに制度化された価値を実現するという方途で充足するかわりに、みずからの利害をはっきりと自覚して戦略的に貫徹せざるをえないような当事者間の紛争の極端な事例を抗事実的につくりあげるというしかたで、当事者である個人や集団の隠された利害状態を再構成することは有意義であり可能である、ということをわたしは方法論的に仮定する。マルクスも階級闘争を分析するにあたってはこの仮定、あるいはこれに類似した仮定を前提とせざるをえない。彼は、①そもそも特殊な利益を普遍的な利益から区別し、②正当化されるにもかかわらず抑圧されている利益についての意識を紛争の十分な動機と理解し、③各社会集団に理由を挙げながらそれぞれの利害状態を対応させなければならない。社会科学者はこうした利害の対応づけを仮説的におこなうことができるだけであり、しかもその仮説を直接的に立証するというのであれば、それは当事者自身のあいだでおこなわれる実践的討議というかたちでのみ可能であろう。間接的な立証は、対応づけられた利害状態を紛争の動機づけについての予想と結びつけることができるかぎり、観察された紛争をもとにしておこなうことができる。

クラウス・オッフェは、「政治システムの選択性を突きとめるための批判的尺度を確立し、しかもそのさいシステム理論と行動主義の手続きの相互補完的な難点(これらの手続きは、抑圧された、いいかえれば潜在化している要求や欲求の〔充足が決定されないという〕《非結果》を概念化できない)を回避する」ための代替案となる試みについて啓発的な見通しをあたえている。[39] 彼が挙げている代替案のうちの三つは、容易に見通すことのできる原理的な理由から、役に立たない。

(1)「欲求のポテンシャルは人間学的に定義することができる。とすれば、充足されていない欲求の総体は《非事実》として、政治システムの選択性の指標として、すなわち政治システムの支配的な性格の多寡の指標としてあらわれる」(S. 85〔寿福編訳『後期資本制社会システム』五七頁〕)。だが、これまで提出されてきた衝動理論はどれも、人間の不変の欲求構造という仮定が有意味であり経験的に検証可能でもあることを納得させることにすら成功していない。最もはっきりした特色をもち最も省察をつきつめた衝動〔欲動〕理論である精神分析のそれを例にとるなら、わたしの見るところ、攻撃衝動とリビドー的衝動のポテンシャルの変動の余地についての理論的な予測は可能ではないことを説得力あるかたちで示すことができる。[40]

(2)客観主義的な歴史哲学の枠のなかで、観察されうる構造的特徴にもとづいて利害がどこに属するものか示すことはできる。けれども、目的論的な歴史構成は循環的な基礎づけ構造というやっかいな代物《しろもの》をかかえているので、経験的な関連づけを説得力あるかたちで示すことはできない。「マルクス主義「正統派」を継承していると勘違いしているにすぎないそうした手続き様式は、分析によってはじめて証明されるべき政治的支配の諸組織の階級的性格を理論的前提に格上げし、それと同時に具体的な制度体系の選択性の歴史的特殊性を――それが教条主義的に提示された階級概念と一致しうるにせよしないにせよ――第二義的なものに引き下げている」(S. 86f.〔前掲訳書、五八―五九頁〕)。

(3)最後に、多かれ少なかれ慣習的に導入された目標状態への明示的な選択を拠りどころとする規範的・分析的なアプローチがある。社会科学的なシステム分析がこの意味で規範的な手続きをとっているのは、バイオサイバネティクスにたいする社会科学的機能主義の立ち遅れを取りもどし、社会システムのめざすべき状態を恣意的ではないしかたで把握できるようにする理論がこれまでのところないからである[41]。規範主義的なアプローチをとるシステム分析は経験的内容が薄っぺらである。なぜなら、それは機能的準拠点を任意に選んでいるので、因果的に有効なメカニズムに行きあたることができるのは偶然にすぎないからである。「その分析が制約されている理由は、制度システムのシステムによる選択作用と、特定の規範(選択的構造が維持されていれば十分に実現されるかもしれない規範)がたんなる偶然から実現されていないこととを区別できないからである」(S. 86〔前掲訳書、五八頁〕)。

オッフェが挙げているそれ以外の戦略は、これとは異なるレベルにある。それは、抑圧された利益を示す経験的指標の探求として理解することができる。

⑴「「要求」と「現実」とを互いに対抗させる内在的な方法もある。これは批判的国法学の文献で用いられる(憲法の要求対憲法の現実)が、この方法には、現実に満たされていない要求——批判はこれを引き合いに出す——がたんに傾向として侵害されているだけでなく、システムによって侵害されていることを証明する責任がある」(S. 88〔前掲訳書、六〇頁〕)。

⑵「政治システムが——たとえば、行政法の手続き規則、民法、刑法などのかたちで——編纂した排除の規則を特定することができる。社会システムがその内部で作用する制約の全体そのものを法典のかたちで挙げるということはほとんど想定できない以上、そうしたやりかたは構造的選択性の分析にとって不十分である」(S. 88〔前掲訳書、六〇—六一頁〕)。

⑶「また別の可能性は、〔……〕政治・行政過程を、これに固有の要求、あるいは憲法上の要求と対置させるのではなく〔……〕、この過程がひき起こす、意図してはいないがシステムをつうじてあらわれる「誤解」や「過剰解釈」と対置させることにあるだろう」(S. 89〔前掲訳書、六一頁〕)。もっとも、政治システムが棄却された要求を明るみに出すことに

いつでも申し分なく寄与するとは、とても当てにはできないだろう。

⑷最後に、比較のやりかたをとることで、「「他の条件が等しければ」という但し書きを利用して、ある体制《システム》を他の体制から〔……〕区別する排除の規則を特定することができる。〔しかし〕第一に、比較される体制に共通する選択性が視野に入っていない。また第二に、「他の条件が等しければ」という但し書きの厳密な適用を正当化するような条件を見出すことはほとんどできないだろう」（S. 87〔前掲訳書、五九頁〕）。

さて、これまで挙げてきた指標探求の不十分な点は、指標がさし示すべきものの理論的概念が欠けているというかぎりでは、ささいなものである。法規範と法現実とのあいだで観察されうる不一致、法典化された排除の規則、実際の要求水準と政治的に許容された充足水準との不一致、国際的な比較において目に見えるようになる抑圧――こうした現象はすべて他の紛争現象と等しい地位にあり、理論的な記述体系と評価体系のなかに組み込むことができてはじめて、危機分析にとって必要なものとなりうるのである。そのためにうってつけなのは、原理にもとづくタイプの弁護人モデルである。これによってわたしの念頭にあるのは、理論に先立つ経験にもとづいて、すなわちなんらかの立場に肩入れして、選択された紛争集団の目標設定に批判を経験的にフィードバックさせることではない。というのも、そうすれば、ある立場への肩入れは基礎づけの要求を免れてしまうことになるだろうからである。批判的社会理論の弁護人的役割とは、むしろ、公然たる利害の対立、あるいは少なくとも潜在している利害の対立によって互いに一線を画す（もしくは恣意的ではないかたちで一線を画す）集団のあいだで代理的にシミュレーションされる討議において、普遍化可能であるにもかかわらず抑圧された利益を突きとめることにあるだろう。弁護人的におこなわれた討議[42]は、仮説的な結論にしか到達することができない。しかし、そうした仮説をチェックするためには、先に言及した諸次元のなかで適切な指標を成功の見込みをもって求めることができるのである。

第四節　個人の終焉？

わたしは、実践的問題は討議によって扱われうるし、社会科学的分析にとって規範体系と真理との関連性を方法的に考慮する可能性がある、というテーゼを基礎づけようとしてきた。未解決なのは、複雑な社会において動機形成は正当化を必要とする規範と実際まだ結びついているのか、あるいは、規範体系はいまでは真理との関連を失ったのか、という問題である。

人類史のこれまでの歩みは、社会をつねに道徳的な実在として把握していた、人類学・人間学的な知見をふまえたデュルケームの見解が正しいことを確証している。発話と行為の能力のある主体は、もっぱらアイデンティティを保証する世界像や道徳体系との関係のなかで自分の人格の統一をつちかうことができる、ということを古典的な社会学はけっして疑わなかった。人格の統一には、秩序を保証する生活世界についての統一をもたらし、それと同時に認知的な意義と道徳的・実践的な意義をもつ視界《パースペクティヴ》を必要とする。

［……］社会の最も重要な機能は規範化《ノモス》である。その人間学上の前提は、本能の力をもつかのように見える人間の意味への渇望である。ひとは、生まれながらに、現実に意味のある秩序をかぶせずにはいられない。だがこの秩序は、世界構成を命じる社会の企てを前提としている。社会から切り離されると、個人はひとりでは対処できない数々の危険にさらされ、極端な場合には差し迫った滅亡の危険にさらされる。社会からの隔離はまた個人に耐えがたい心理的緊張を負わせるが、この緊張は社会性という人間学的事実に根ざしている。けれども、そうした隔離の究極の危険

は意味喪失の危険である。この危険は悪夢の最たるものであり、個人はそこで無秩序や無意味、錯乱の世界へ呑み込まれてゆく。現実《リアリティ》とアイデンティティは不吉にも恐るべき意味喪失の幻へと変わり果てる。社会のなかに存在するとは、まさにそうした規範喪失《アノミー》の恐怖という究極の「狂気」から保護されているという意味で「正気」であるということである。アノミーは、個人がそれならばいっそ死を求めるかもしれないほど耐えがたいものである。逆にいうなら、規範的《ノモス》世界の内部に存在するとは、いかなる種類の犠牲や苦難という代償を支払ってでも求められるものであり、時には、もし当人がこの究極の犠牲が規範にとって意義があると信じるならば、命にかえてもそれを求めることすらありうるのである。(43)

世界を安定させる(世界を維持する)解釈体系の基本機能は、カオスを回避すること、すなわち、偶発的なものを克服することにある。支配秩序と基底的規範の正統化は、こうした「意味を付与する」機能が特化したものと理解することができる。宗教体系はもともと、自我と集団のアイデンティティを構成する(前者は社会的準拠集団にたいして自我を境界づけ、後者は自然的・社会的環境にたいして集団を境界づける)という道徳的・実践的課題を世界についての認知的解釈（外的自然との技術的対決から生じる生存の問題の処理）と結びつけて、制御しきれない環境の偶発的な事態を人間存在の根本リスクと同時に処理できるようにしてきた。そのさいわたしの念頭にあるのは、ライフサイクルの危機や社会化の危険とならんで道徳的不可侵性や身体的不可侵性を傷つけること（負い目、孤独、病気、死）である。宗教によってあたえられると約束されていた「意味」はつねにアンビヴァレントだった。一方では、意味が約束されることによって、それまで社会文化的な生活形式にとって本質的だった要求が維持された。それは、なぜ現に起こっているようなしかたで物事は生じるのか、また、自分たちがおこなうこと、おこなうべきことはどのようにして正当化されうるのか、こうしたことを知りたければ、ひとはつくり話によってではなく、ただ「真理」によって満足するのが当然だという要求である。他方では、意味の約束にはいつも慰めの約束も込められていた。というのも、提供された解釈は不安のもととなる偶然的な事態をたんに意識させるだけでなく、それに耐えられるものにする――それを偶発的なことと␣し␣てかたづけることがまったくできない場合であっても、いやまさにそういう場合にこそ耐えられるものにするからである。

未開社会の初期の発展段階においては、生き残れるかどうかという問題、ひいては外的自然と渡り合うさいの偶発的事態の経験はひどく強烈であったため、神話の内容がはっきりと示しているように、それらは秩序の見かけを物語的にこしらえることで補わなければならなかった(44)。やがて外的自然の制御が増大するとともに、世界像にたいして世俗的知識が自立化し、世界像の任務はますます社会統合に限られるようになる。外的自然にたいして、ついに科学が解釈を独占する地位を占めるにいたった。科学は伝承された包括的解釈からその価値を剝奪し、信仰のありかたを客観的な態度をとる科学への信仰だけを認める科学主義的な態度に移行させた。この領域においては、偶発的なものが認識され、かなりの程度まで技術的に使いこなすことができるようになり、それぞれの結果を耐えることのできるものにされる。自然災害は世界規模の社会的事件として定義され、それがおよぼす影響は行政による大規模な操作によって緩和される(興味深いことに、戦争の結果も管理された人間性という同じカテゴリーに分類される)。これに反して、社会的共同生活の領域では、複雑性の増大にともなって大量の新しい偶発的なものがうみだされたが、偶発的なものを意のままにする能力は同じ程度には増大しなかった。まだ制御されない偶然の出来事からその偶然という性格をはぎ取ることで偶発性を克服しようとする解釈の需要は、かくてもはや自然にたいしては生じない。しかし、それは制御されていない社会の過程を元凶とする苦難からいっそう増大して再生してくる。それにもかかわらず、社会科学はこんにちではもはや世界像の機能を引き受けることはできない。社会科学はむしろ、客観主義的な歴史哲学が最後にうみだしたような形而上学的な秩序の見かけを解消してしまう。それと同時に社会科学は、現状では、偶発的なものを処理する社会工学的に使用できる知識を生産することもなければ、唯名論的にうみだされた見かけ上多種多様な偶発的なものを貫いて社会進化の客観的な連関へとつながってゆく強力な理論戦略を信頼することもないので、避けることのできる偶発的事態の増大に貢献しているのである。もっとも、個人の生活リスクを考えてみると、孤独や負い目、病気や死の事実の重みを解釈によってかき消すことのできるような理論などというものは考えることすらできない。偶発的なものは、個人の身体の状態にも道徳の状態にも解消できずにつきまとっているので、ただ偶発的なものとして意識されうるほかはない。われわれは偶発的なものとともに、原理的に慰めなしに、生きていかなくてはならないのである。

それはそうとして道徳も、世界像が認知的に貧しくなるのと同じ程度に内容的解釈から切り離されて形式化される。実践理性はもはや超越論的主観において基礎づけることすらできない。コミュニケーション的倫理は、理性的な言説の根本規範だけを拠りどころにする。この根本規範はぎりぎり最後の「理性の事実」というわけだが、これがもはや解説することのできないたんなる事実であるとすれば、それがなぜやはり人間の自己理解を組織化して行為を方向づける規範的な力の源泉となるのかを正しく見てとるのもなかなかできないことである。

この地点までくると、われわれは〔本節の〕出発点の問いにたちかえることができる。もし世界像が認知的要素と社会統合的要素の分離によって崩壊してしまったのだとすれば、また世界を安定させる解釈体系がこんにちでは取り返しのつかないほど過去のものになってしまったとすれば、だれが自己と集団のアイデンティティの構成という道徳的・実践的な課題を果たすのだろうか。もはや自然と社会についての認知的解釈と結びつきそうもない普遍主義的な言語倫理学は、①それ自身を十分に安定させ、②世界社会の枠組みのなかで個人と集団のアイデンティティを構造的に保証できるのだろうか。それとも、認知的な基盤を失った普遍道徳などというものは壮大な同語反復へと収縮してしまい、進化の面から見れば時代遅れになった理性の要求は、この同語反復のなかで人間の客観主義的な自己理解にたいしてわずかに自分自身の空虚な肯定を対置するだけとならざるをえないのか。ひょっとすると、普遍主義的になると同時に無力になった道徳の美辞麗句に飾られた覆いのもとで、社会文化的な生活形式そのものに影響をおよぼす社会化様式の変化がすでに広まってしまったのだろうか。システム理論の新しい普遍言語は、現代のアメリカで先住民が特別居留地に定住するようになったように、「アヴァンギャルド」が世界社会の自然発生的なシステムに適応することによってすでに特殊なアイデンティティへ退却しはじめたことを示唆しているのだろうか。最後に、そのような決定的な後退とともに、動機を形成する規範に内在する真理との関連性は見切りをつけられてしまったのだろうか。

さて、こうした問いに肯定的に答えるには、世界像の発展論理をさし示すことでは根拠としてまだ十分ではない。というのも、第一に、現代の神学での論争（パネンベルク、モルトマン、ゼレ、メッツ）[45]で観察される聖書的伝統の再政治化は、此岸と彼岸の二分法の平準化と歩調を合わせたものだが、これは神のイメージを跡形もなく抹消するという意味での無神論を意味するものではないからである（もっとも、この一群の批判的な思想から人格神の理念を首尾一貫したかたちでなおも救い出すことはほとんどできないだろう）。神の理念は、信徒たちの教区を規定し、ひいては解放された社会の現実的な生活連関を規定するロゴスという概念に止揚される。神は、人間たちが間接的に、いいかえれば自分ではないある客体を介して、互いに出会うことによって、人間性の喪失という罰を受けながら、いやでもみずからの偶然的で経験的な本性を踏み越えさせるコミユニケーション的構造をあらわす名称になるのである。

第二に、世界の脱神話化された統一性を考えようとする哲学的衝動は、科学的な議論というメディアをくぐり抜けることによっても保持できないのではないかという問題は、けっして決着済みではない。科学が世界像の機能を担うことができないのはたしかである。しかし、一般理論(社会発展の一般理論であれ、ましてや自然の一般理論であれ[46])は、首尾一貫した科学的思考と矛盾するというよりも、その実証主義的な自己誤解と矛盾するのである。こうした理論戦略も、取り消すことができないほどの批判を浴びた世界像と同様に、意味をあたえると約束する。すなわち、偶発的なものを克服するというのである。しかし同時にそれらは、真理請求とたんなる見かけ上の実現というアンビヴァレンスをこの約束から方法的に取り去ろうとしている。われわれはもはや、合理化のための見かけをつくりだすことによって、ひとたび認識された偶発的なものをはねつけることはできないのである。

世界像の発展の論理は真理と結びついた社会化様式の存続を排除するものではないということは、気休めにはなるかもしれない。それにもかかわらず、きわめて複雑な社会の制御の要請は、動機形成を正当化可能な規範から切り離し、規範的構造という〔その基盤との〕連結からはずれた上部構造をいわば埒外《らちがい》に置くよう強硬に迫ってくるかもしれない。そうなれば正統化の問題そのものがなくなってしまうだろう。こうした傾向を物語る精神史的な省察はかなりの数あるので、それをいくつかのキーワードとともに想い起こしておきたい。

(1)われわれは一〇〇年以上前から、自分自身をいうなれば取り消す市民《ブルジョワ》意識のシニシズムを観察することができる。これは哲学において、また文化悲観主義によって規定された時代意識において、さらに政治理論において見られるものである。ニーチェは、現実にぶつけることのできる理念が引っ込められるという経験を徹底的につきつめる。「というのは、ニヒリズムの到来はなぜ必然的なのか。それは、われわれの従来の価値そのものがニヒリズムにおいてその最終的な帰結を示しているからであり、ニヒリズムはわれわれの偉大な価値や理想を最後まで考え抜いた論理だからである――これらの

「価値」の価値とはいったい何であるのかを見抜くためには、われわれはまずもってニヒリズムを経験しなくてはならないからである」(47)。ニーチェは、規範的な妥当請求の歴史的な無力化を、また理性の自然主義的な自己解体というダーウィン主義からの衝撃をも取り込んでいる。彼は、〔カントの〕「いかにしてアプリオリな総合判断は可能か」という問いを、「なぜそうした判断への信仰が必要なのか」という別の問いに取りかえる。「真理」にかわって「価値評価」が登場する。情動の遠近法《パースペクティヴ》説が認識論にとってかわるのである。この説の最高原則は、「いかなる信仰も、いかなる真と認めることも、真なる世界が存在しないからには必然的に偽である」(48)。ニーチェはまだ自分がおこなった暴露がショックをあたえるだろうと予想していたし、彼のヒロイックな文体からは、啓蒙の普遍主義との離別がともかくも彼にもたらした痛みを見てとることもできる。こうしたアンビヴァレンスの反響は、〔一九〕二〇年代のニーチェ受容――ゴットフリート・ベン、カール・シュミット、エルンスト・ユンガー、アーノルト・ゲーレンにまでいたる――のなかでまだ感じられる。こんにちこの痛みは、郷愁へ格下げされてしまったか、あるいは実証主義と実存主義の相互補完的な思想運動がつくった基礎のうえで新しい無垢に席をゆずった。ただしその無垢はニーチェがかつて要請したものとまったく同じものではない。いまだに実践的問題の真偽決定可能性について議論している者などよくいっても時代遅れだ、というのである。

(2) 市民《ブルジョワ》的理想の取り下げは、デモクラシー理論[49]（ただしこれは最初から急進的なタイプと自由主義へつながるタイプが提唱されていた）の退化にてらすととりわけはっきり読みとれる。ブルジョワ的デモクラシーへのマルクス主義的批判の反動として、モスカ、パレート、ミヘルスは、自然法的観念論にたいする現実科学的な解毒剤として支配のエリート理論を導入した。シュンペーターとマックス・ヴェーバーは、大衆デモクラシーの理論のなかにこうした反啓蒙の要素を取り入れた。彼らの醒めたパトスには、悲観的な人間論へのすぐれた洞察といわれるものが要求しそうな犠牲がまだ反映している。新しい世代の威勢のいいエリート理論家たちは、すでにシニシズムや自己憐憫のはるかかなたにいる。彼らは、尊敬すべき先駆者としてトクヴィルを取り入れ、すべての猫を灰色にぬりつぶす全体主義の闇夜にとってかわる単純な代案として、新しいエリート主義をいささかのやましさももたずに推奨する。ピーター・バックラック〔アメリカの政治学者（一九一八―二〇〇八）〕は、たとえばコーンハウザー、リプセット、トルーマン、ダーレンドルフが主張しているような「民主的エリート支配の理論[50]」に即して興味深い収縮過程を立証した。デモクラシーはもはや、あらゆる個人の普遍化可能な利益を認めさせようとする生活形式の内容によって規定されてはいない。それは、もっぱらたんに指導者と指導部を選抜するための方法とみなされている。デモクラシーはもはや、あらゆる正統な利益が自己決定と参加への基本的な関心の実現という道を通って満たされうるための条件という意味では理解されていない。それはいまやシステム適合的な補償のための分配率、すなわち私的利益を充足するための調節器ということでしかない。このデモクラシーによって自由なき福祉が可能となる。デモクラシーはもはや政治権力の平等な分配、いいかえれば権力を行使する機会《チャンス》の平等な分配という意味での政治的平等と結びついていない。政治的平等が意味しているのは、むしろ、機会均等という条件のもとでの権力への接近の形式的権利、すなわち「権力のある地位に選ばれる平等な被選挙権」にすぎない。デモクラシーはもはや、市民の討議による意志形成過程への参加をつうじた支配の合理化という目標をもっていない。むしろデモクラシーは、支配的エリート間での妥協を可能にすべきものなのである。かくて、ついには古典的なデモクラシー理論の実質も棄てられる。もはや政治的影響の大きいあらゆる決定過程ではなく、政治的なものと定義された統治制度の決定だけが民主的な意志形成の命令にしたがうものとされる。このように人民の自己決定にとってかわるエリート多元主義が、私的に行使される社会権力を正統化の圧力から解き放ち、理性的な意志形成の原理のおよばないものにしてしまうのである。新しい支配理論にしたがえば、「①選挙民が競合するエリートのなかから選択することが可能であり、②エリートが、みずからの権力を世襲化したり新しい社会集団によるエリートの地位への接近を阻止することに成功せず、③エリートが離散集合しながら形成する連合による支持を必要とし、そのために排他的な支配形態を貫徹することができず、④さまざまな社会的領域——たとえば経済や教育や芸術——において支配的なエリートがともに同盟を結ぶことができない場合には」、デモクラシーの前提条件は満たされることになるのである。(51)

(3)実践理性の破壊を示す精神史的徴候はおびただしいまでに多種多様な様相を呈していて、これまで若干の例を示唆したところだが、そこに表現されている市民《ブルジョワ》意識の位置の変化にはいろいろと解釈の余地がある。まず問題となるのは、この階級に特有と見ることのできる普遍主義的な要求や自律の請求、真正性の期待、これらの後退という現象である。こうした請求や期待が本気で唱えられれば、後期資本主義の階級妥協はたちまち危うくなってしまう。さもなければ、問題になるのは、他に選択の余地のないまま主張されてきた(市民的起源にもかかわらず普遍的となった)文化への全般的な反対運動、すなわち、社会的再生産の論理が真偽決定可能な規範をつうじてつねにはたらいている人類史から見て基本的な生活形式への全般的な反対運動である。人類の社会化様式が疑わしいものとなったとみなすラディカルな解釈は「個人の終焉」というテーゼにまとめることができる。

「個人の三〇世紀は終わった(52)」というミヒャエル・ラントマン〔ユダヤ系スイス人の哲学者(一九一三―八四)〕の簡潔な確認は、古きヨーロッパとともに人間精神の特定の歴史的構成物の没落を見てとる文化批判の末裔であると解されよう。だが、ここでわたしが思い浮かべているのはもっと容赦ない解釈であり、それらは、過度に複雑な社会の再生産は社会のそれまでの構成要素のレベルでの転換を余儀なくさせるという意味で、市民的《ブルジョワ》個人という形象にとって致命的となる診断をくだすのである。ブルジョワ的個人という歴史的な形象とともに、独立した、いいかえれば理性に根ざした実践の枠組みのなかで、自律的な自我組織化への(いまだに実現されていない)請求が出現し、そのなかで個人化をつうじた普遍的な

（まだ展開されていないとはいえはじめから作用していた）社会化の論理は解釈されたのである。もしこの再生産形態が、そのなかの論理から発せられる要請もろとも棄てられるとすれば、それは、社会システムが社会化された個人のアイデンティティ形成をつうじてその統一をつくりだすことはもはやできないということを意味するだろう。普遍と特殊の形勢は、社会の集合状態にとってもはや意味をもたなくなるだろう。

この思想をホルクハイマーとアドルノは「啓蒙の弁証法」として展開し、それをA・ヴェルマーはつぎのようにまとめている。

人間たちが自然への頽落からの解放を求めて巻き込まれざるをえない外的な運命は、同時に彼らの内的運命でもある。それは、理性が自分自身によってこうむる運命である。主体のために自然の抑圧、物象化、脱魔術化がはじまったにもかかわらず、結局のところ主体たち自身が抑圧され、物象化され、自分自身を脱魔術化した結果、解放のための努力までもがその反対物になってしまう。すなわち、彼らがとらわれている眩惑の絆をうち固めてしまう。すでにアニミズム的世界像の克服とともにはじまったあの啓蒙の弁証法は、資本主義的な産業社会においては「人間までもが人間にたいして擬人的になる」地点にまで追いやられたのである(53)。

この診断は、その理由づけではなく内容の面ではゲーレンやシェルスキーと一致している。科学文明における人間の自己解釈についてのシェルスキーの考察は、「科学的・技術的な創造過程」は「これまでの歴史からの全面的な乖離」と「人間のアイデンティティの転換」をもたらすという結論に行きつく。

［……］「人間」についてのこうした省察は、人間の技術的・科学的な自己創造にたいする道徳的・イデオロギー的な反動にすぎないものではない。それは科学文明とともに世界に登場した人間の新しい自己疎外を示す証《あかし》である。創作者が自分の作品のなかで自己を失い、設計者が自分の設計したもののなかで自己を失う危険は、いまや人間にとって形而上学的な誘惑である。人間は、みずからが生産した客体性のなかに、設計された存在のなかに自己自身を残らず移すという事態に恐れおののきながら、それでもこうした科学的・技術的な自己客体化の過程の推進にたゆまずはげんでいる。人間は、はじめは合理的な技術的労働世界の出現を、自己と世界と

の分裂として、世界との昔からの「生き生きとした統一」からの疎外として理解し嘆いていたが、精神による世界の構成と獲得をつうじた人間と世界との新たな統一は、いまや人間がまさにその分裂において獲得したアイデンティティへの脅威となる。「時代の混乱」にたいするヘーゲルのあの最終的な要求は分裂を耐え抜くことであったが、これによって人間が自分の昔ながらの形而上学的主体性に同一化することはまだ可能になっていた。なぜなら、それはまさに人間の形而上学的主体性を勃興しつつあった労働社会の世界から「解放した」からである。こんにちでは、あの分裂は歴史的にいってすでに過去のものとなり、新たな世界‐人間‐統一態のほうからしきりに迫ってくる形而上学的故郷喪失は、後ろ向きの形而上学的憧憬においてはっきりと示されており、世界との分裂と疎外にあって得られた主体性の自由を想い起こすなかでとどめられている。(54)

ただしシェルスキーは（少なくとも当時は）社会の領域全体を超越する立場(55)にたちもどり、脅威に直面した個人が客体化への圧力から遠ざかって、「社会的なものの境界」のかなたで再起できるために利用可能なメディアとして「形而上学的な持続的反省」を推奨することによって、自分の思想の帰結から逃げだしたわけである。「自分自身のなかで反省する意識の持続的向上は、まさに意識のはたらきの技術的・科学的な客体化によって誘導される。これは、思考する主体が自分自身の対象化にたえず先んじようとつとめ、そうして彼自身の世界過程にたいする自分の優越性を確かめる形式なのである[56]」。

シェルスキーがこれらの文言を記したのは、『否定弁証法』の出版〔一九六六年〕よりも一〇年前のことであった。それらは他のなによりもアドルノの実存に似つかわしい。しかしアドルノは、ブルジョワ的個人の死についていかなる幻想もいだかなかった点ではシェルスキーより一貫している。むしろアドルノは、「持続的反省の制度化[57]」にも、個性の破壊を覆い隠すにすぎない個性の価値の切り上げを見てとっている。「道化」という見出し語を掲げてアドルノはつぎのように述べている。

個人などというのはたとえていえば毛筋一本残さず根絶やしにされる時代である、というのはまだ考えが甘い。完膚なきまでに否定され、連帯を通じてモナドの状態が解消されるのであれば、そこにおのずから個別的なものの救いのための道もひらけてくるわけで、もともと個別的なものは普遍的なものと関係づけられることによってはじめて特殊者となるものなのである。ところで現状はそうしたことからよほど遠いところにある。かつて存在したものが根こそぎ消滅したというわけではないのだ。むしろ歴史的に命運の尽きた個人が、生命を失い、中性化され、無力化したていたらくで引きずられ、徐々に深間に引きずり込まれていくというかたちで禍《わざわ》いが生じているのである。規格化され、管理体制下に置かれた人間集団に挟まれながら、依然として個人は余喘《よぜん》を保っている。あまつさえ一定の保護を受け、独占的価値を帯びるにいたっている。しかしその実態はたんなる機能と化した独自性にすぎないのであって、昔、子どもたちの度肝を抜き、物笑いの種ともなった奇形児を思わせるような見世物でしかないのだ。すでに自立した経済生活を営んでいないために、その性格は彼が社会で演じている客観的な役割と矛盾を来たしている。まさにそうした矛盾があるからこそ、自然保護公園に囲われ、閑人の鑑賞に供されているのがこんにちにおける個人の姿なのである。(58)

ブルジョワ的主体の栄光と悲惨についての討論はとりとめがないものになりやすい。なぜならヘーゲルの後、われわれは意識の歴史の次元に足を踏み入れるだけの準備がろくにできていないからである。これはB・ヴィルムスの議論ではっきりするだろう。(59) 彼は、ブルジョワ的個人のアイデンティティ形成を国際関係のレベルに投影し、ブルジョワ的主体の栄光を、こんにちでは中国や「第三世界」によって相対化された(アメリカやヨーロッパの)帝国主義的勢力の地位の世界史的な普遍性と等置することによって、もう一度ヘーゲル的な思考パターンを用いてゲーレンとルーマンのあいだに割って入ろうと試みている。その場合、ブルジョワ的主体の悲惨は、彼がつかんでいない特殊性にある。ヘーゲルの法哲学をカール・シュミットの眼で読むのであれば、そのようにいうこともできる。だがそのときには、カントからヘーゲルとマルクスにいたる市民《ブルジョワ》的ヒューマニズムがそこで自己を解釈してきた言語倫理学の形式的構造は、決断主義が身のほど知らずにも振り回す人間についての定義の独占権――「市民社会の歴史は、人間とはだれであるのかを定義する者の歴史である」――以外の何ものをも反映していないのか、それとも、むしろこうした還元そのものが、とっくの昔に演奏され終わっていて現在ではどうでもいいものとなっているブルジョワ的自己毀損のメロディを表現していないだろうか、と問わなければならない。このメロディについて、アドルノは、「暗黙のうちに患者の死を受け入れた医師たちはみな肩をすくめてみせるのがつねであるが、その身振りだけがかつてブルジョワ意識の批判であったもののこんにちにおける名残となっている[60]」と証言している。

(4)これまでのところ、個人の終焉というテーゼを、知識人の困惑や自己経験の領域から引き出してきてこれを経験的な吟味にまでもたらすことには成功していない。ところで、主体性とはなにも内部にあるものではない。というのも、人格の反省の程度はその外化に応じて増大するからである。自我のアイデンティティはシンボル的な構造をなしており、自分自身を安定させるために、社会の複雑性が増大するとともにますますその中心点から遠心的に遠ざからざるをえない。人格はますます多くの偶発的なものにさらされ、相互に無防備な状態とむき出しとなった防備の必要性とが織りなす濃密さを増しつつある網の目のなかへとますます押し出されていく。それゆえマルクス以来、個人化の過程を抑制し、自己の外部にありながら自己のもとにあるというあの構造を歪める(すなわち外化とわがものにすることの微妙なバランスを乱す)社会構造的な制約が「疎外(Entfremdung)」という題目で分析されてきた。「疎外(Alienation)」はいまでは社会心理学的な研究の方向のひとつをさし示すキーワードにもなっている[61]。

エッツィオーニ（アメリカの社会学者（一九二九―））は「疎外」を、「自分が理解することも導くこともできない力へと行為者をしたがわせる、行為者にたいする世界の応答性の不在」[62]ととらえている。彼は疎外と疎外の隠れた形態、すなわち「非本来性」を区別している。後者はもちろんドイツ語圏ではフランス語圏とは異なる含意をもっている。「ある関係、制度あるいは社会は、その基礎にある条件が疎外的であるにもかかわらず応答性という見かけをそなえているとすれば、非本来的である」(S. 619)。この差別化はさしあたり、後期資本主義社会においては疎外現象が社会的貧困という現象から分離されたという事情を考慮してなされている。しかし、この区別がとりわけ考慮に入れているのは社会の注目すべき統合力と弾力性である。これは、社会的紛争が心理的問題のレベルに置きかえられ、すなわちさしあたり私事として個人に負わされ、つぎに抗議《プロテスト》というかたちをとって再政治化された精神的紛争が受け流され、すなわち行政によって処理される問題に変形され、寛容の余地が実際に拡張された証拠として制度化されうるという点にあらわれている。近年の学生の抗議運動は、こうしたメカニズムを直観的に理解するためのよい素材を提供してくれる。その主要な衝撃力は、予想される取り込み戦略に向けられ、アイデアに富んだ挑発によってその裏をかこうとした。しかし、全体として見ると、これはうまくいかなかった。制度の規範的権力を公然たる抑圧というかたちで引き出すことを（それも起きたことは起きたのではあるが）達成するかわりに、許容値が引き下げられたのである。すでに大学のストライキや市民運動を報じる見出しには、「騒乱にはいたらず」と残念そうに付言されている。デモンストレーションの新しい技術は期待水準を変化させただけだったのである。こうして成立したグレーゾーンのなかで、抗議運動のきっかけ、理由あるいは原因である問題を解決しないまま、社会システムはみずからがひき起こし、そして制度化されていない（あるいはいまのところ制度化されていない）抵抗と共存することができるのである。壁をめがけた突撃は、ゴムの壁に当たって跳ね返ってきたわけである。

　このように現象の領域を隠喩的に限定してもなにも説明したことにはならない。それで明らかになるのはせいぜい、疎外現象が非本来性の現象にますますとってかわられつつあるという点ぐらいである。とりわけ不明瞭なのは、エツィオーニが社会的労働のシステム、政治的公共圏、[63]集団関係、パーソナリティ・システムそのもののなかでその痕跡を追求している非本来性をどのように解釈すべきか、という点である。問題なのは、政治経済システムの制御需要の増大にとって不都合な規範的構造がたえまなく侵害され、これにたいしてコントロールしきれない反応が長期的に生じているということなのか、それとも根本的に新しい社会化様式が生まれつつあることにともなう産みの苦しみなのだろうか。このいずれの傾向も――戦略的・功利主義的な倫理学の原則にしたがって理解することのできる、政治的に解き放たれ煽《あお》られた社会的幸福主義も、拡大された偶発性の余地のなかでの直接的充足という基本方針と折り合いのついた、政治的に骨抜きにされサブカルチャーにおいて解放された貪欲も――、真偽決定可能な規範にてらして実践を正当化することを断念しているという点に共通点が見られるということもありえるだろうから。

　この問題をそのままのかたちで取り上げても、どのようにすれば経験的に答えることができるのか見通しがたたないので、回り道をしてルーマンの理論を手がかりにして吟味することにしたい。この理論ときたら、こんにちシステムに必要な動機の調達は、けっして「固有意味的」な、独自の論理にしたがう規範体系によって制限されるわけではなく、もっぱら制御上の要請だけにしたがうという、討議をへていない前提から出発するのである。

第五節　複雑性とデモクラシー

ルーマンは、規範的な妥当請求の討議による認証に準拠して正統化問題を分析するコミュニケーション理論は「社会的現実にそぐわない」[64]ものとみなしている。彼が出発点の問題として選ぶのは、規範や意見の基礎づけ、すなわち理性的実践の構成ではなく、偶発的であるような、いいかえれば別様でもありうるような世界における複雑な行為システムからかかってくる選択圧力である。「ハーバーマスは主体を、すでにそれに先行する間主観性のように、基本的に真偽決定可能な基礎づけのポテンシャルと見ている。人間の主体性は、彼にとって、間主観的コミュニケーションのなかで理性的な理由を挙げることのできる可能性、というよりむしろ、そうした理由もしくは自分の挙げた理由への反駁にしたがうことのできる可能性にある。だが、それによって彼は、はるか奥深くに据えられた主体概念を前提とする派生的な(しかも私見では、時代に制約され、とっくに使いものにならなくなっている)見方を手に入れたにすぎない」[65]。「理性という肩書のついた西洋的人間性への伝統的な要求を「そうした」主体概念に結びつける」試みは、世界の複雑性という問題を体系的に過小評価することに行きつかざるをえない。「主体はまずもって偶発的な選択性と考えられなければならない」(S. 327〔佐藤ほか訳『批判理論と社会システム理論』、四一三頁〕)。社会の階級構造という視点から提起される支配と分配の問題は、時代遅れのものになった[66]。そこに露呈しているのは「古きヨーロッパ風」の視界であって、それは、選択の範囲と決定能力という視点から見れば姿をあらわす本来の問題を覆い隠してしまう。

「ほとんどすべてのことが可能なようであり、そしてほとんど何事もわたしは変えることができない」——この命題がルーマンの根本経験を表現している。この命題は、一方で、きわめて複雑な階級社会は、その生産性のポテンシャルにもとづいて、環境をコントロールして自己自身を組織化する可能性の余地をいちじるしく拡大したが、しかし他方で、その自然発生的な組織原理のために、抽象的な可能性の余地の自律的利用を妨げ、そのうえみずから産出した(回避できる)環境の複雑性の過剰を結果としてもたらす制限のもとに置かれている、というように解釈することもできるはずだ[67]。けれども実際にはルーマンは上述の経験を反対の意味で解釈する。すなわち、社会システムは、偶発性の余地が劇的に拡大されるとともに、問題および決定の圧力の増大をみずから引き受ける自由度を獲得する。いいかえれば、複雑な社会システムの構造と状態は、少なくとも組織と政治の領域においては偶然的となり、それゆえ実践的に選択可能なものとなるが、しかしいまや開かれた選択肢の範囲から選択することは、他のあらゆるものを相対化するような問題となっている。ルーマンが、規定されたシステム複雑性および環境複雑性と無規定のそれらを区別している以上[68]、もはや(無規定の)環境複雑性ではなく、システム相関的な環境構想によって規定できるようになった環境複雑性、すなわちシステムが自分自身の問題解決能力を超過する負担を担うことが真の縮減問題なのである。きわめて複雑な社会システムは、その自律性の増大の結果として生じる問題に、すなわち自身の自由から帰結する必然性に悪戦苦闘せざるをえないのである。

このように問題の優先順位が確定されてしまえば、その先のステップはただちに明らかになる。世界複雑性の問題は、システム概念の本質主義的で排他的な適用を必要とする。ここから以下のことが帰結する。(1)複雑な社会は、もはや規範的構造をつうじてまとめあげられ統合されるものではない。その社会の統一性は、もはや社会化された諸個人の頭脳をとおして行き渡っているコミュニケーションをへて間主観的にうちたてられるのではない。むしろ、制御の相から処理されるシステム統合は、生活世界の相から接近できる社会統合には依存しない。(2)システム同一性《アイデンティティ》から切り離された人間の自己理解と世界理解は、それが「古きヨーロッパ風」に、すなわち依然として規範的請求に方向づけられているかぎり、ローカルなものに落ちぶれる。さもなければ、それはそもそも規範への方向づけから離れ、諸個人をもシステムの意識状態に置く。そこでは諸個人は、「無限に開かれ、存在的に見れば究極的には無規定な偶発的世界を構想し、それに耐え抜き、これをあらゆる選択的な体験と行為の基礎として［……］利用する[69]」ことを学ぶ。(3)きわめて複雑な社会の再生産は、分化独立した制御システム、すなわち政治的な部分システムに依存している。政治システムは、その情報処理能力の向上とその他の社会的な部分システムにたいする無関与性の増大によって、全体社会の内部に独特な自律性を獲得する。「政治はもはやみずからの決定の基礎を前提にすることはできず、それを(自分で)調達しなければならない。政治は、合意の機会《チャンス》という点からも、また追求されるべき成果という点からも、開放的かつ構造的に無規定なものとして定義された状態でそれ自身の正統化をおこなわなければならない[70]」。正統化システムと行政の分離は、普遍化された動機づけ、価値、利害の入力にたいする決定過程の自律を可能にする。(4)社会システムは部分システムの同一性《アイデンティティ》を刻印する世界を構成することはもうできないので[71]、政治の機能は、社会が行政システムにたいして要求する「正しい」政治という観点からはもはや理解できなくなる。「問題の焦点は、簡潔なことばでいうなら、政治システムは、もし社会からまさに偶発的で別様でもありうるシステムとして要求されるとすれば、みずからの同一性をもはや社会から導き出すことができないという点である。そうであるなら、政治システムはもう古きヨーロッパ風の概念を用いて把握することのできない意識状態において、構造選択によってみずから自己の同一性を確認しなければならない[72]」。こうした前提のもとでは、討議による意志形成と参加をへて行政を社会へフィードバックさせることによって行政の反省度を高めようとしても無意味である。「決定過程は［……］他の可能性を除外する過程である。それは賛成よりも否定を多くうみだし、それが合理的な手続きをとればとるほど、また他の可能性を包括的に吟味すればするほど、否定の割合はますます増大する。この過程に万人の集中的かつ積極的な参加を要求することは、フラストレーションを原理にすることを意味しよう。デモクラシーをそのように理解する者は、実際には、デモクラシーは合理性と両立不可能であるという結論に達せざるをえない[73]」。(5)新しいシステム理論のアプローチは普遍性を請求する言語体系をともなっており、これは競合するアプローチに対抗して、（政治、支配、正統性、権力、デモクラシー、世論等々のような[74]）古典的な基本概念を変形させるというやりかたによって自己を解釈する。こうしたシステム理論による翻訳のひとつひとつが、同時に、ポストモダン社会への急激な進化とともに時代遅れになった「古きヨーロッパ風」の概念形成の不適切さにたいする批判なのである。世界の複雑性の問題が優位にたつことによって、社会の理性的組織化という問題は、真偽決定可能な規範をへた動機形成ともども取るに足らないものとなった。

　複雑性とデモクラシーの関係というのはやっかいな問題だが、計画理論のレベルにおいてならばまだきわめて容易に使いものになるかたちで定式化することができる。ここ一〇年間の計画をめぐる議論[75]は、とりわけ二つの政治類型の対置に行きついたが、そこには計画の様式が同時に表現されている。ひとつは、主に条件つきの計画に限定される多元主義的・漸増主義《インクリメンタリズム》的な過程政治であり、もうひとつは、主にプログラムの計画策定を必要とする合理的・包括的なシステム政治である[76]。これら二つの類型は、計画を策定する官僚の行為モデルと反応モデルを投影することのできる目盛り板の両端と解することができる。さらにもうひとつの次元、すなわち計画化過程の影響をうける社会システムの成員の参加をこれにくわえると、つぎのような政策類型が得られる。

　ここでいう参加とは、討議における意志形成過程への普遍的で機会平等な関与のことである。この定義にしたがえば、政治類型Cは、多元主義的類型Aの特徴である通常の紛争抑制戦略や紛争回避戦略を排除せざるをえない。すなわち、たとえば論争的な目標や価値を除外すること、合意可能な目標の目的合理的な実現に交渉過程を限定すること、また、義務づけられている交渉手続きを内容から形式主義的に独立させることや計画策定の範囲を綿密に分割することなどがそれである(77)。それと似て政治類型Dは、テクノクラートのように専門的な事情を口実にして表舞台から姿を消したり、実践的問題を技術的問題に読みかえてしまうこと、すなわち、関係者の潜在的な異論や抑圧された異論から専門家を免責するという類型Bの紛争回避行動を特徴づけるような手法とは両立しない。

	計画の様式	
関係者の参加	漸増主義的	包括的
認められない	A	B
認められる	C	D

さてルーマンの計画理論は、複雑な社会についていうなら、こうした政治類型のひとつ、すなわち包括的で非参加型の計画策定Bを優れたものとする。それは実践的な推奨というかたちでなされているのではない。むしろルーマンは、きわめて複雑な社会の再生産のために必要な社会の反省というものは、民主的に組織化された公共圏においてではなく、政党と公衆にたいして十分に遮蔽された行政システムに根をおろす以外に選択肢はないということを示すことができると信じている。「行政の政治化

［……］を云々できるのは、行政［自身］が社会の政治システムにおけるみずからの位置を反省し、そこから自己を偶発的なものとして、別様でもありうるものとして確認するその度合いに応じてのことである(78)」。このテーゼは、①行政と社会のその他の部分システムとの相互作用の記述、②行政の計画化能力の観察可能な制約の原因についての仮説、③進化論的な根本仮定、にもとづいている。

①について――複雑な社会は制御中枢として行政システムを分化独立させ、ルーマンによれば、これが社会のその他の部分システムにたいする指導権を握ることとなった。自律的な行政は、社会のなかで処理されないままのあらゆる制御問題にかんする全般的適性をそなえている。しかも行政は、権限があるという意味だけでなく、問題解決の能力があるという意味でも適性がある。社会のなかには、最終的に行政の意のままにならない構造は存在しない以上、問題を処理するにあたって行政が原理的にみずからの能力の限界に突きあたらざるをえないような種類の問題は提起されえない。このような記述によってルーマンは、たしかに後期資本主義社会の驚くべき自己順応的メカニズムを推察させる経験を一般化している。

他方では、そのつどくりかえし露呈する行政の計画能力の限界や、回避戦略に逃げ込む官僚制のたんなる反応的な動きかたを示す証拠もふんだんに存在する。こうした経験を危機管理として解釈する政治・経済的な計画理論は、行政システムはみずからの環境に、とりわけ経済システムに固有の力学に依存しているという反対の見解に行きつく。わたしはこのテーゼをよりいっそう尖鋭化させて、行政システムの行為の余地は二つの面から制限されているとした。ひとつは、行政の意のままにはならない、所有秩序の変数をつうじた経済システムの制御の面であり、もうひとつは、普遍化可能な利益の抑圧とは相容れない、自律志向をもってひたすら発展してゆく規範的構造をつうじた動機づけの調達の面である。

②について——国家装置の自律性を強調するか、それとも依存性を強調するか、この二つの競合する記述のあいだにあってできることといえば、説得力のある主張はどちらかという点から比較考量するというのがせいぜいのところである。(79) しかし、行政システムの計画能力にたいする十分に観察できる制約をどのように説明するのかという問題は、行政システムの記述のしかたによって決まってくる。ルーマンは、合理性の不足の原因

を、政治から自立化した行政がまだ十分に分化しきっていないという点に見ている。

政治と行政の分化がすすむチャンスは、選択能力の向上にかかっており、とりわけ、構造の変動によってその構造化する機能がそこなわれてしまうことなく、組織、人員、綱領のような行政行為の前提を狭い意味での政治的観点から変える可能性にかかっている。〔……〕〔行政に〕固有の構造とは、環境の予期と同一である必要はないという固有の可能性を意味している。そして環境との非同一性は可能性のレベルでも自己制御のチャンスをあたえる。それと同時に、徹底的に分化するにあたっては、こうした可能性の構成すらも政治システムが解決する問題は社会の問題ではないというリスクを引き受けなければならないのである(80)。

ルーマンにしたがうと、合理性の不足は、行政自身が社会から独立した同一性《アイデンティティ》を形成し、可能性の地平を拡大しそのつど除外される選択肢も一緒に主題化するはたらきを拡大するための機関以外の何ものでもないものとしてみずからを理解する程度に応じて解消することができるのである。行政が、一方で公共圏や政党政治の入力に、他方で関係者や利害関係のあるクライアントの入力に依存しつづけているかぎり、選択作用を強化する自己反省は抑制されざるをえない。包括的な計画化の能力をもつ行政が政治から離れて分化しつくす消失点を、ルーマンは科学と行政の融合に見ており、この融合によって科学の自律性は一時停止され、同時にこれまで分離されていた権力と真理という二つのメディアは分化しなくなるだろうという。「政治的反省をひき起こし、［行政の］反省の不足を解消させることに貢献しうるような範囲のなかでは、行政自身が自己を探究するほかはない。この意味での「政治化」は、結局のところ、体験と行為、認識と決定、真理と権力といった古典的な分化を疑問視しうるような構造選択と科学的な自己探究の結合に帰着する」(81)。ルーマンはこの文で個人の終焉についての彼なりの見通しを表明している。すなわち、複雑性の増大がますます加速することによって、社会は、反省がおよばない自然成長性のために権力と真理の分化を放棄するような生活の再生産形態へと転換せざるをえなくなるというのである(82)。

わたしの見るところでは、目下のところ三つの競合する説明がある。F・ナーショルト〔ドイツの政治学者（一九四〇—九九）〕は、ルーマンとは対照的に、行政計画の隘路は政治的意志形成にたいする行政の自立性が過大になったことに起因すると見ている。彼の考えでは、政治的な制御能力は関係者の計画策定への参加の拡大をつうじてのみ向上しうる。(83)「政治的な制御過程の社会化」はこれまで利用されていなかった資源や作業能力を解放するために唯一まだ残されている選択肢であるが、ただしそのさい、参加過程の範囲を十分にコントロールできないというリスクが生じる。ナーショルトが考慮に入れているのは参加型計画の多機能的な活用である。参加は、大衆の忠誠の操作、情報の改善(早期の警報、価値の考慮)、自助組織による官僚制の負担軽減に役立つ。こうした目に見える参加の機能は行政が環境にたいしてもつコントロールを拡大する。わたしが導入した討議における意志形成への関与という意味での参加もまた(ナーショルトは「個人的かつ集合的なアイデンティティ発見のための手段としての参加、とりわけ多元的な分配政治への関与のための前提条件としての自己組織化能力」(S. 43)と述べている)、「政治システムに固有の多様性を向上させるための生産力」という意味をもつとナーショルトが考えているのかどうかという点は、かならずしも明らかではない。

オッフェは、先に述べたように、経済システムの互いに矛盾する制御要請は後期資本主義における国家装置には克服できない合理性の限界をあらわしているという見方をとっている。政治的制御過程の社会化は、適切にたてられた参加型計画という意味であるならば、行政計画の隘路を取り除くだろう。なぜなら、それによって、回避可能な環境複雑性の蓄積的生産の原因をなしている選択的な階級構造が取り除かれるからである。

最後にシャルプは、経済システムに固有の力学が後期資本主義の国家に押しつけているこれらの制限に気づいている。しかし、そうした制限の負担を免れた政治も、「もしその情報と決定の制度が要求に追いつかないとすれば、予期せぬ展開に驚かされ、そうした措置の予想外の帰結に追い越され、計画の見込みに反する結果によって挫折するだろう」(84)。けれどもルーマンとはちがって、シャルプは行政に内在している複雑性増大の限界を考慮に入れている。すなわち、もし相互依存的な問題構造にとって適切ではない分節化された決定構造を克服し、集中化された決定構造において包括的な計画化を推進するならば、たちどころに政治計画は(高度の相互依存を特徴とする)諸問題の途方もない複雑性によって情報処理能力と合意形成能力を超えた要求がなされるという限界に達する。「たとえ決定過程のなかに硬直した利害と権力のポテンシャルにもとづいて変化を拒む抵抗が存在しない場合ですら、[……]相互依存的な決定領域を一斉に問題として言挙げし、積極的に調整して変化させようという試みは——もっと正確に規定する必要があるがまちがいなく失望をもたらすほど狭く引かれた境界線を越えると——必然的にがちがちの現状維持的政策というフラストレーションに終わらざるをえないだろう」(S. 177)。

行政の制御能力は原理的に制限なく拡大するものであり、行政を政治から自立化させ、科学体系を吸収して行政を社会の脱中心化された自己反省の場にするとルーマンは仮定するが、これを政治的な計画の経験領域から得られる指標によって裏づけるのはほぼ不可能だろう。たしかにシステムの論理に沿った議論は、たんなる操作の偽装形態にとどまらない参加は行政の計画能力を向上させるよりも制限せざるをえないということを証明している。「政治的な制御過程の社会化」がもたらす合理化の効果を測定するのはむずかしい。というのも、民主化は、一方で、経済過程の統御されない固有の力学によってうみだされる回避可能な(システムに特有の理由でのみ不可避の)複雑性を取り除くが、同時に〔他方で〕普遍化された討議による意志形成過程から生じる(システムに特有とはいえない)不可避の複雑性をもちこむことになるだろうからである。普遍化可能な利益にフィードバックされた目標状態の実践的合理性は、システム合理性の観点からは、費用を削減するよりもより多くのコストをうみだしてしまう公算が高い。もっとも、シャルプの考察にしたがうとすれば、行政の合理化そのものに組み込まれている複雑性の限界にすぐさま到達するなら、決算はかならずしもマイナスにはならない。というのは、その場合には、制約を免れたコミュニケーションの論理から不可避的に生じてくるひとつの複雑性は、包括的な計画化そのものの論理から同様に不可避的に発生してくるもうひとつの複雑性によっていわば追い越されるであろうからである。

③について――ルーマンは、政治ぬきの自己反省的な行政というかたちで実現される非参加型の包括的なシステム計画化の類型を選択するが、これは計画化をめぐる論議の現状では、説得力のある主張によって基礎づけることができない選択である。それどころか、こんにち挙げることのできる経験的証拠は、むしろルーマンの選択にとって不利である。ルーマンが支えとするのは究極的には計画理論にかんする研究ではなく、進化論的な根本仮定なのである。彼の意見によると、環境複雑性の縮減とシステム複雑性の拡大という問題が社会進化において主導的な地位を占める結果、もっぱら制御能力が社会の発展水準を決定する、ということになる。これはありふれた仮定ではまったくない。なぜなら、世界像と道徳体系の次元における進化の急激な進展は、制御システムの分化の退行という代償を支払わざるをえないということ、とりわけリスクを負わずに、すな

わち（変化した）システム存続を危機におちいらせずに、そうした代償を支払わざるをえないということも十分ありそうなことだからである。わたしが見るかぎりでは、ルーマンは自分の仮定を主題として取り上げておらず、むしろ方法論的アプローチの選択によってそれを予断しているのである。

　計画理論の構造にとって合理性概念の選択は決定的な意味をもっている。〔第一に、〕決定理論〔不確実な状況下での最善の意思決定の選択を統計学的な手法で究明する理論〕の論理にもとづいて考案された計画理論の基礎となるのは、選択されるべき手段の目的合理的な選択をパラダイムとして得られる行為合理性の概念である。行為合理性のモデルは、戦略的行為の領域における合理的選択理論や計画技術に適している。けれども、このモデルの限界は、社会システムについて経験的に内容豊かな理論を展開しようと試みるさいにあらわれてくる。理論戦略上主体的な行為合理性の概念を選択することは、規範主義的なアプローチと方法論的個人主義の採用をあらかじめ決定しているということを意味する。[85]〔第二に、〕システム論理的に構想された計画理論の基礎となるのは、自己統制的なシステムをパラダイムとして得られる客観的合理性の概念である。システム合理性のモデルは、それぞれの環境との境界線を一義的に画定し、それぞれの目標状態を一義的に際立たせる単位を突きとめ確認することのできる対象領域についての経験的に内容豊かな理論に適している。その場合には（しかしその場合にのみ）安定性、というよりむしろ超安定性を経験のなかで利用できるシステムの存続を手がかりとして規定することができる。社会の存続あるいは社会の部分システムの存続を問題なく確認することはこれまでのところはできないので、理論戦略上システム合理性の概念を選択することは、結果として（少なくとも）三つの選択肢からの決定をともなうことになる。第一に、規範主義的な手続きをとること、すなわち研究対象である社会システムの境界と目標状態を画定することである（それについては組織社会学的な研究実践が実例を提供しているが[86]、要請された根本欲求を拠りどころにする「能動的社会」というエツィオーニのコンセプトもそこにふくまれる[87]）。第二に、ラディカルで機能主義的な手続きをとること、すなわち、所与の文脈のなかで任意に変化する準拠点から機能的等価物を追跡すること（ルーマン）である。最後に、システム理論の社会科学的な適用を（必要な）社会進化の理論に依存させることであり、これによって発達水準を、ひいてはアイデンティティを脅かすシステム変化の限界値を非慣習的に規定することが可能になる[88]。最後に〔第三に、〕、コミュニケーション的に構想された計画理論[89]の基礎にあるのは、意志形成をおこなう討議をパラダイムとして得られ（そして真理の合意説というかたちで展開され）うる実践的合理性の概念である。このモデルについては第三節で立ち入って論じた。それは、規範的構造の根底にある利害情勢の批判的研究に適している。ただしこうした規範的生成の手続きは、社会進化の適切な理論に貢献するためには、システム理論的アプローチと結びつかなければならない。

合理性概念の選択とともに、計画理論の論理的な地位についてあらかじめ決定がおこなわれているのである。決定論理的な計画理論は、規範的・分析的な手続き、すなわち計画技術である。システム理論的な計画理論も同様に規範的・分析的な手続きをとることができる。その要求水準に応じて、それは技術的な計画援助であるか、あるいは政治過程を計画として理解する規範的に構想された理論である。ルーマンの普遍的・機能主義的な計画理論は、システム理論としても登場するが、みずからを原理的に機会主義的であると理解しており、経験的・分析的な手続き様式と規範的・分析的な手続き様式の対立をすり抜けるものである。その地位はプラグマティズム的と特徴づけるのがいちばんてっとりばやい。すなわち、システム研究そのものが選択性の向上と複雑性の縮減という法則のもとにある生活過程の一部なのである。コミュニケーション的な計画理論もそれと同様に、先にふれた二者択一から距離をとるが、その理由は異なる。この理論は、

理論の地位	合理性の概念		
	目的合理性	システム合理性	実践的合理性
経験的・分析的	——	バイオサイバネティクス	——
規範的・分析的	多様な計画技術	政治過程としての計画理論	——
経験的・分析的でも規範的・分析的でもない	——	普遍的機能主義	批判的社会理論

一方では妥当する規範についての記述的言明と、他方では規範の選択にかかわる指令的言明のほかに、(現行の、あるいは提起されている)規範の正当化可能性についての、すなわち規範的な妥当請求の認証可能性についての批判的に評価をおこなう言明を方法論的に認めるのである。正当化可能な規範は、真なる言明と同じようなものである。それらは事実でも価値でもない。そのことから上の表が得られる。

普遍的・機能主義的なアプローチと批判的・再構成的なアプローチとのあいだで方法論的な選択をおこなうことによって、この研究の第三章で議論されてきた問題についても暗黙のうちに決定がくだされているのである。それは、社会生活の再生産は依然として理性と結びついているのか、とりわけ動機の生成は依然として正当化を必要とする規範の内面化と結びついているのか、という問題である。もしこれがもはやそうではないとすれば、歴史的に成立した制度と解釈体系を規範的・発生的な手続きにしたがって再構成しても的はずれだということになる――そしてその場合危機の定理はもはや構成不可能だということになる。逆にルーマンは、システム理論そのものがその概念戦略の結果として原理的に機会主義的な生活過程に組み入れられて従属しているので、上述した意味での社会の「理性的」構成を認めることはできない。いずれにしてもルーマン的な研究戦略にたいして不利にはたらくひとつの重大な主張がある。すなわち、批判的社会理論は現実の変化によって挫折することがありうるが、普遍的機能主義のほうは、社会化様式の変容と「個人の終焉」がすでにはじまっているということを想定せざるをえない、いいかえれば、分析レベルにおいてそれを先取りせざるをえないのである。

第六節　理性に与する党派性

社会を構成し真理に依存する社会化様式が今後も存続しうるかという基本的な問いには、見られるように、簡単には答えられない。社会的アイデンティティは社会化された個人たちの頭をくぐり抜けて形成されるのか、それともそれは推定上のものであれ実際上のものであれ、複雑性の問題のために犠牲にされるのか、どちらをわれわれが理性的に意志するべきなのかは、そもそも理論的に解決できる問題ではなく、実践的な問題であると考える向きもありえよう。もっとも、このように問いをたてるということは、それに答えるということである。すなわち、理性的な生活形式の構成要素が今後も維持されつづけるべきかどうかは、その構成要素そのものに依存している理性的な意志形成の対象にはなりえないのである。そのためには、せいぜいのところ理性に与《くみ》する党派性に訴えることが必要になるだけである。他方で、これを党派への加担として基礎づけることができるのは、すでになじんで分かち合われたコミュニケーション的な生活形式の内部で選択肢が提示される場合だけである。このようなあらかじめ決定された間主観性の圏域を突き破ってしまう代替案が出現したら、そのとたんに唯一の普遍化可能な党派性、まさに理性への利害関心はそれ自身特殊的なものになる。そのような代替案をルーマンは提起する。そのさい彼は、方法論的レベルにおいて、討議において認証可能な妥当請求をつうじて制御されるあらゆる相互行為の領域を、脱中心化された行政のシステム合理的な権力請求や権力増大請求に、異議申し立ての可能性をあたえることなく、すなわち、こうした独占的になされる請求に、『リヴァイアサン』においても見られるような実践的合理性の尺度にてらして測ることを許さないまま、従属させるのである。

こうした眺望を見ると、ひとはまたもや「古きヨーロッパ風」の思考に誘惑されてしまう。啓蒙のかかえる困難を前にしてあきらめの境地に達し、社会の理性的な組織化という目標を掲げて行動主義[4]へと転身するならば――すなわち、生じた負担についてはことがうまく運んだ後にふり返れば正当化の理由くらい見つかるだろうという希望をいだいて決断主義的にスタートをきるならば――、その時にはすでに敵の立場を受け入れてしまっているのである。[90] それと同様に、理性に与する党派性はマルクス主義風に飾りたてられた正統派への撤退を正当化するものでもない。これはこんにちでは、周囲から遮《さえぎ》られて政治的に影響力のないサブカルチャーを論証ぬきにうちたてるのがせいぜいである。この二つのアプローチはいずれも、理性的な意志に自己を結びつけ、すなわち基礎づけの要求から逃れることなく、むしろわれわれが知らないことについて理論的な明晰さを要求するような実践にとっては問題外である。たとえこんにちにおいて、わたしがスケッチした議論が示唆する以上には、われわれがこんにち知っていることはあまり多くはないし、またそれは十分ではないとしても、それでもこうした状況は後期資本主義の耐久性の限界をわかりやすいテストにかけるという批判的試みを意気消沈させるものではないし、自然発生的な社会システムがその市民の頭越しに安定することにたいして、すなわち、古きヨーロッパ風の人間の尊厳——それでいいだろう——を犠牲にして安定することにたいして、戦いをはじめようとする決意を麻痺させることは絶対にないだろう。

原　注

まえがき

（1） *Erkenntnis und Interesse* のペーパーバック版（一九七三年）〔奥山次良ほか訳『認識と関心』未来社、一九八一年〕に付したあとがきも参照せよ。

第一章

（1） C. Offe, *Spätkapitalismus – Versuch einer Begriffsbestimmung*, in: *Strukturprobleme des kapitalistischen Staates*, Frankfurt 1972, S. 7ff.

（2） K. Löwith, *Weltgeschichte und Heilsgeschehen*, Stuttgart 1953〔信太正三・長井和雄・山本新訳『世界史と救済史』創文社、一九六四年〕.

（3） H. P. Dreitzel（Hrsg.）, *Sozialer Wandel*, Neuwied 1967; L. Sklair, *The Sociology of Progress*, London 1970.

（4） R. Koselleck, *Kritik und Krise*, Freiburg 1961〔村上隆夫訳『批判と危機』未来社、一九八九年〕; J. Habermas, *Theorie und Praxis*, Frankfurt 1971, S. 244ff.〔細谷貞雄訳『理論と実践』未来社、一九七五年、二七二頁以下〕.

(5) J. Zelený, *Die Wissenschaftslogik bei Marx und das Kapital*, Frankfurt 1968; H. Reichelt, *Zur logischen Struktur des Kapitalbegriffs bei K. Marx*, Frankfurt 1970; M. Godelier, *System, Struktur und Widerspruch im ›Kapital‹*, Berlin 1970; M. Mauke, *Die Klassentheorie von Marx und Engels*, Frankfurt 1970.

(6) M. Jänicke (Hrsg.), *Herrschaft und Krise*, Opladen 1973, 同書への以下のひとびとの寄稿、Jänicke, K. W. Deutsch, W. Wagner.

(7) J. Habermas, N. Luhmann, *Theorie der Gesellschaft oder Sozialtechnologie?* Frankfurt 1971, S. 147ff.〔佐藤嘉一・山口節郎・藤沢賢一郎訳『批判理論と社会システム理論』木鐸社、一九八七年、一八九頁以下〕.

(8) このようなアノミーの概念は、デュルケームからマートンにいたる社会科学の文献やマートンに続くアノミーについての研究、とりわけ犯罪行動についての研究のなかで展開されてきた。要約としては、T. Moser, *Jugendkriminalität und Gesellschaftsstruktur*, Frankfurt 1970.

(9) P. Berger, Th. Luckmann, *Die gesellschaftliche Konstruktion der Wirklichkeit*, Frankfurt 1969〔山口節郎訳『現実の社会的構成』新曜社、二〇〇三年〕.

(10) 現象学(A・シュッツ)や社会サイバネティクスは、そのつどこれら二つの相のいずれかを彫琢するという概念戦略を示している。社会科学的な機能主義からは、社会の二重の相を考慮に入れ、生活世界とシステムという二つのパラダイムを結びつけようとする試みが生じている(パーソンズは『ワーキングペーパー』のなかで、システム理論と行為理論をカテゴリー的に結合することを試みている。エッィオーニはコントロール能力と合意形成を二つのシステム次元ととらえている。ルーマンは現象学的に導入された「意味」という基本概念をシステム理論的にとらえなおしている）。こうした試みは、社会システムの適切な概念化という問題にとって有益ではあるが、間主観性の構造がこれまで十分に検討されておらず、また社会のシステムの構成要素がいまだ詳細に把握されていないため、この問題を解決していない。

（11）以下においてわたしは、社会文化システムという語で、文化的伝承（文化的な価値体系）だけでなく、社会化過程と職業化過程をつうじてこうした伝承に規範的な力をあたえる制度をさすこととしたい。

（12）C. Offe, *Krisen des Krisenmanagement*, in: Jänicke, *Herrschaft und Krise*, a.a.O., S. 197ff.

（13）Habermas, Luhmann, *Theorie der Gesellschaft*, S. 221ff. und S. 239ff.〔佐藤ほか訳『批判理論と社会システム理論』二六頁以下および二八八頁以下〕. ルーマンはその後、コミュニケーション・メディアの研究をシステム理論と進化理論にならぶ独自の理論として展開している。

（14）D. Lockwood, *Social Integration and System Integration*, in: Zollschan, Hirsch（Hrsg.）, *Explorations in Social Change*, London 1964, S. 244ff.　この試みをゲルハルト・ブラントがさらに展開している。

（15）H. M. Baumgartner, *Kontinuität und Geschichte*, Frankfurt 1972.

（16）K. Eder, *Komplexität, Evolution und Geschichte*, in: F. Maciejewski（Hrsg.）, *Theorie der Gesellschaft oder Sozialtechnologie?* Suppl. I, Frankfurt 1973, S. 9ff.

(17) わたしはこのテーゼをコミュニケーション的行為の理論の枠内で展開するつもりである。

(18) コミュニケーション的能力の理論についてのわたしの準備的な覚書を参照されたい。Habermas, Luhmann, a.a.O., S. 142ff.〔佐藤ほか訳『批判理論と社会システム理論』一八三頁以下〕.

(19) これによってわたしは、科学体系を内的に統制するものによって科学史を十分に説明できるということを主張したいわけではない。これにかんしては以下の啓発的なテーゼを参照されたい。G. Böhme, W. van den Daele, W. Krohn, *Alternativen in der Wissenschaft*, *Z.F.S.* 1972, S. 302ff.; dies., *Finalisierung der Wissenschaft*, *Z.F.S.* 1973（近刊）.

(20) R. Döbert, G. Nunner, *Konflikt und Rückzugspotentiale in spätkapitalistischen Gesellschaften*（Manuskript MPIL, S. 14f.）; R. Döbert, *Die methodologische Bedeutung von Evolutionstheorien für den sozialwissenschaftlichen Funktionalismus – diskutiert am Beispiel der Evolution von Religionssystemen*, Diss. phil. Frankfurt 1973. ルーマンによる以下の興味深い構成も参照せよ。N. Luhmann, *Religion – System und Sozialisation*, Neuwied 1972, S. 15ff.

(21) 認知主義的な発達心理学における発達論理の構想にかんしては、L. Kohlberg, *Stage and Sequence: The Cognitive Developmental Approach to Socialization*, in: D. A. Goslin（Ed.）, *Handbook of Socialization*, Chicago 1969, S. 347ff.〔永野重史訳『道徳性の形成――認知発達的アプローチ』新曜社、一九八七年〕.

(22) K. Eder, *Mechanismen der sozialen Evolution*（Manuskript MPIL）.

(23) A. Mitscherlich, *Krankheit als Konflikt*, 2 Bde., Frankfurt 1966/1967〔中野良平・白滝貞昭訳

『葛藤としての病』法政大学出版局、一九七三年〕; K. Brede, *Sozioanalyse psychosomatischer Störungen*, Frankfurt 1972.

（24）H. Plessner, *Die Stufen des Organischen und der Mensch*, Berlin 1928.

（25）Habermas, Luhmann, *Theorie der Gesellschaft*, a.a.O., S. 155ff.〔佐藤ほか訳『批判理論と社会システム理論』一九八頁以下〕.

（26）K. W. Deutsch（*Nerves of Government*, 1963）〔伊藤重行ほか訳『サイバネティクスの政治理論』早稲田大学出版部、二〇〇二年〕と A. Etzioni（*The Active Society*, 1968）による社会発展のシステム理論においては、正当にも学習の概念が分析の中心に置かれているが、その概念は狭隘すぎて、討議による学習をふくむことはできない。

（27）J. Habermas, *Wahrheitstheorien*, in: *Festschrift für Walter Schulz*, Pfullingen（近刊）. 討議の論理については、St. Toulmin, *The Uses of Argument*, Cambridge 1964〔戸田山和久・福澤一吉訳『議論の技法』東京図書、二〇一一年〕; P. Edwards, *Logic of Moral Discourse*, New York 1955.

（28）J. Habermas, *Wozu noch Philosophie?* In: *Philosophisch-politische Profile*, Frankfurt 1971〔小牧治・村上隆夫訳『哲学的・政治的プロフィール（上）』未来社、一九八四年、一九頁以下〕.

（29）この概念にかんしては以下を参照せよ。N. Luhmann, *Wirtschaft als soziales Ploblem*, in: *Soziologische Aufklärung*, Opladen 1970, S. 226f.

（30）D. Bell, *The Post-Industrial Society: The Evolution of an Idea*, in: *Survey* 1971, S. 102ff.

（31）T. Parsons, *Societies*, in: *Evolutionary and Comparative Perspectives*, Englewood Cliffs 1966

〔矢沢修次郎訳『社会類型——進化と比較』至誠堂、一九七一年〕; G. Lenski, *Power and Privilege*, New York 1966; M. Sahlins, E. Service, *Evolution and Culture*, Ann Arbor 1968〔山田隆治訳『進化と文化』新泉社、一九七六年〕. その他の文献は、Eder, *Mechanismen der sozialen Evolution*, a.a.O. に所収。

(32) C. Lévi-Strauss, *Das wilde Denken*, Frankfurt 1968, Kap. I〔大橋保夫訳『野生の思考』みすず書房、一九七六年〕; M. Sahlins, *Stone Age Economy*, Chicago 1972〔山内昶訳『石器時代の経済学』法政大学出版局、二〇一二年〕.

(33) R. L. Caneiro, *A Theory of the Origin of the State*, in: *Science* 1970, S. 733ff.

(34) Ebd., S. 736f.

(35) わたしはここで「私的」という用語を、近代的な市民《ブルジョワ》的私法という狭い意味ではなく、もっぱら「特権化された」処分権という意味で用いている。

(36) M・リーデルによる以下の概念史的研究を参照せよ。M. Riedel, *Studien zu Hegels Rechtsphilosophie*, Frankfurt 1969〔清水正徳・山本道雄訳『ヘーゲル法哲学——その成立と構造』福村出版、一九七六年〕; ders., *Bürgerliche Gesellschaft und Staat bei Hegel*, Neuwied 1970〔池田貞夫・平野英一訳『ヘーゲルにおける市民社会と国家』未来社、一九八五年〕.

(37) Max Weber, *Wirtschaft und Gesellschaft*, Köln 1956, S. 1034ff.

(38) 以下も参照せよ。N. Luhmann, *Knappheit, Geld und die bürgerliche Gesellschaft*, in: *Jahrbuch für Sozialwissenschaft*, Bd. 23 1972, S. 186ff.

（39）これは、きわめて複雑な歴史的発展過程の頂点を示すことになるモデルである。資本主義の体系的な歴史にかんしては、いまでも以下の総合的な叙述が最も優れている。M. Dobb, *Studies in the Development of Capitalism*, London 1947〔京大近代史研究会訳『資本主義発展の研究1、2』岩波書店、一九五四―五五年〕.

（40）「利益に嚮導された」対「価値に定位した」という概念にかんしては以下の文献を参照せよ。Habermas, Luhmann, *Theorie der Gesellschaft*, a.a.O., S. 251f.〔佐藤ほか訳『批判理論と社会システム理論』三〇三頁以下〕.

（41）O. Brunner, *Das Zeitalter der Ideologien*, in: *Neue Wege zur Sozialgeschichte*, Göttingen 1956〔石井紫郎ほか訳『ヨーロッパ――その歴史と精神』岩波書店、一九七四年〕; K. Lenk (Hrsg.), *Ideologie*, Neuwied 1961.

（42）以下のわたしの文献を参照せよ。*Vorbereitenden Bemerkungen zu einer Theorie der kommunikativen Kompetenz*, a.a.O.〔「コミュニケーション能力の理論のための予備的考察」佐藤ほか訳『批判理論と社会システム理論』一二五頁以下〕.

（43）これと類似した「弁証法」の再構成を試みているのは、H. Pilot, *J. Habermas' empirisch falsifizierbare Geschichtsphilosophie*, in: *Der Positivismusstreit in der deutschen Soziologie*, Neuwied 1969, S. 307ff., hier S. 310f.〔「ユルゲン・ハバーマスの経験的に反証可能な歴史哲学」、城塚登・浜井修・遠藤克彦訳『社会科学の論理――ドイツ社会学における実証主義論争』河出書房新社、一九九二年、三一一頁以下〕.

(44) J. Habermas, *Erkenntnis und Interesse*, Frankfurt 1968, とくに、S. 234ff.〔奥山ほか訳『認識と関心』一九九頁以下〕.

(45) H. Neuendorff, *Der Begriff des Interesses*, Frankfurt 1973.

(46) こんにちアドルノの著作は、たえず商品物神への批判に関連づけて展開されつづけている文化批判の範例である。たとえば、T. W. Adorno, *Kulturkritik und Gesellschaft*, in: *Prismen*, Frankfurt 1955, S. 7ff.〔渡辺祐邦・三原弟平訳『プリズメン』ちくま学芸文庫、一九九六年、九頁以下〕。

(47) S. Tsuru, *Has Capitalism Changed?* Tokio 1961〔都留重人編『現代資本主義の再検討』岩波書店、一九五九年〕.

第二章

(1) たとえば、E. Hobsbawm, *Europäische Revolutionen*, Zürich 1962〔安川悦子・水田洋訳『市民革命と産業革命』岩波書店、一九六八年〕.

(2) St. Hymer, *Multinationale Konzerne und das Gesetz der ungleichen Entwicklung*; J. O'Connor, *Die Bedeutung der ökonomischen Imperialismus*, beide in: D. Senghaas (Hrsg.), *Imperialismus und strukturelle Gewalt*, Frankfurt 1972.

(3) M. D. Reagan, *The Managed Economy*, New York 1963; A. Shonfield, *Modern Capitalism*, London 1965; P. K. Crosser, *State Capitalism in the Economy of the U.S.*, New York 1960〔高橋

正雄訳『経済における政府の役割——アメリカ国家資本主義論』論争社、一九六一年〕; J. Galbraith, *The New Industrial State*, London 1967〔都留重人監訳『新しい産業国家』河出書房新社、一九六八年〕; M. Weidenbaum, *The Modern Public Sector*, New York 1969; S. Melman, *Pentagon Capitalism*, New York 1970〔高木郁朗訳『ペンタゴン・キャピタリズム——軍産複合から国家経営体へ』朝日新聞社、一九七二年〕.

（4）J. O'Connor, *The Fiscal Crisis of the State*, S. Francisco（近刊）〔池上惇・横尾邦夫監訳『現代国家の財政危機』御茶の水書房、一九八一年〕. オコンナーの三セクターモデルはアメリカを例として展開されたものである。西ドイツや他のヨーロッパ諸国に適用するには、おそらく変更を要するにちがいない。この点については、U. Rödel, *Zusammenfassung kritischer Argumente zum Status der Werttheorie und zur Möglichkeit einer werttheoretischen Krisentheorie*（Manuskript MPIL）における考察を参照。

（5）正統性の調達という概念についてはさしあたり、T. Parsons, *Voting and Equilibrium of the American Political System*, in: Burdick, Brodbeck, *American Voting Behavior*, Glencoe 1959.

（6）J. Habermas, L. v. Friedeburg, Ch. Oehler, F. Weltz, *Student und Politik*, Neuwied 1961 のわたしの序論と J. Habermas, *Strukturwandel der Öffentlichkeit*, Neuwied 1962〔細谷貞雄・山田正行訳『公共性の構造転換（第二版）』未来社、一九九四年〕を参照せよ。

（7）J. Habermas, *Technik und Wissenschaft als ›Ideologie‹*, Frankfurt 1968, S. 76ff.〔長谷川宏訳『イデオロギーとしての技術と科学』平凡社ライブラリー、二〇〇〇年、八五頁以下〕.

（8）J. Schumpeter, *Kapitalismus, Sozialismus und Demokratie*, Bern 1950, S. 448〔中山伊知郎・東畑精一訳『資本主義・社会主義・民主主義』東洋経済新報社、一九九五年、四五〇頁〕.

（9）たとえばラーテナウ、バーリ、ミーンズ。

（10）C. Offe, *Politische Herrschaft und Klassenstrukturen*, in: Kress, Senghaas（Hrsg.）, *Politikwissenschaft*, Frankfurt 1969, S. 155ff.〔寿福真美編訳『後期資本制社会システム』法政大学出版局、一九八八年、一頁以下〕.

（11）J. Strachey, *Kapitalismus heute und morgen*, Düsseldorf 1957.

（12）J. O'Connor, *The Fiscal Crisis of the State*, a.a.O.

（13）W. Vogt, *Eine Theorie der ökonomischen Stagnation*, in: *Leviathan*, H. 2 1973（近刊）.

（14）C. Offe, *Politische Herrschaft*, a.a.O.〔寿福編訳『後期資本制社会システム』一頁以下〕.

（15）N. Luhmann, *Knappheit, Geld und bürgerliche Gesellschaft*, a.a.O., S. 194f.

（16）U. Rödel, *Zusammenfassung kritischer Argumente*, a.a.O.

（17）J. Galtung, *Eine strukturelle Theorie des Imperialismus*, in: D. Senghaas（Hrsg.）, *Imperialismus und strukturelle Gewalt*, Frankfurt 1972〔「帝国主義の構造理論」、高柳先男・塩屋保・酒井由美子訳『構造的暴力と平和』中央大学出版部、一九九一年、六七頁以下〕; さらに、F. Fröbel, J. Heinrichs, O. Kreye, O. Sunkel, *Internationalisierung von Arbeit und Kapital: Entwicklung und Unterentwicklung*（Manuskript MPIL）.

（18）D. Meadows, *Grenzen des Wachstums*, Stuttgart 1972〔大来佐武郎監訳『成長の限界――ロ

ーマ・クラブ「人類の危機」レポート』ダイヤモンド社、一九七二年〕。

（19）K. M. Meyer-Abich, *Die ökologische Grenze des Wirtschaftswachstums*, in: *Umschau* 72 (1972), H. 20, S. 645ff.

（20）本書二三六頁以下を参照せよ。

（21）N. Luhmann, *Soziologie des politischen Systems*, in: *Soziologische Aufklärung*, Opladen 1970, S. 170.

（22）C. F. v. Weizsäcker（Hrsg.）, *Kriegsfolgen und Kriegsverhütung*, München 1971, Einleitung.

（23）以下を参照せよ。E. Mandel, *Der Spätkapitalismus*, Frankfurt 1972〔飯田裕康・的場昭弘・山本啓訳『後期資本主義』全三冊、柘植書房、一九八〇・八一年〕.

（24）J. Hirsch, *Wissenschaftlich-technischer Fortschritt und politisches System*, Frankfurt 1970, S. 248ff.

（25）C. Offe, *Tauschverhältnis und politische Steuerung*, in: *Strukturprobleme des kapitalistischen Staates*, Frankfurt 1972, S. 27ff.〔寿福編訳『後期資本制社会システム』八二頁以下〕.

（26）このテーゼを展開しているのはH. Marcuse, *Konterrevolution und Revolte*, Ffm. 1973〔生松敬三訳『反革命と叛乱』河出書房新社、一九七五年〕。

（27）R. Döbert, *Die methodologische Bedeutung von Evolutionstheorien*, a.a.O.

（28）マルクスはこの見解を『ルイ・ボナパルトのブリュメール一八日』のなかで展開した。N. Poulantzas, *The Problem of the Capitalist State*, in: *New Left Review* 1969, S. 67ff. も参照せよ。

(29) W. Müller, Gh. Neusüß, *Die Sozialstaatsillusion*, in: *SoPo* 1970, S. 4ff.; E. Altvater, *Zu einigen Problemen des Staatsinterventionismus*, in: Jänicke, *Herrschaft und Krise*, a.a.O., S. 170ff.

(30) Altvater, a.a.O., S. 181.

(31) Müller, Neusüß, *Sozialstaatsillusion*, a.a.O.

(32) J. O'Connor, *The Fiscal Crisis of the State*, a.a.O.

(33) ここで提案した分析上の区別はジークリート・モイシェルとの討論から得られたものである。

(34) P. Mattick, *Marx und Keynes*, Boston 1969, S. 128ff. und S. 188ff.〔佐藤武男訳『マルクスとケインズ』学文社、一九八二年〕; U. Rödel, *Forschungsprioritäten und technologische Entwicklung*, Frankfurt 1972, S. 32ff.

(35) この点については最近では、H. Holländer, *Das Gesetz des tendenziellen Falls der Profitrate*, Regensburg 1972, Diskussionsbeiträge zur Wirtschaftswissenschaft.

(36) E. Altvater, F. Huiskens (Hrsg.), *Materialien zur Politischen Ökonomie des Ausbildungssektors*, Erlangen 1971.

(37) A. Sohn-Rethel, *Die ökonomische Doppelnatur des Spätkapitalismus*, Neuwied 1972 は剰余価値生産の変化を生産構造と賃金構造の変化から説明している。

(38) オコンナーは絶対的剰余価値、相対的剰余価値、「間接的」剰余価値という区別をしている。

(39) U. Rödel, *Zusammenfassung kritischer Argumente*, a.a.O.

(40) R・ヒルファディングがこの表現を導入した。

(41) マルクスは労働力商品の価値規定における歴史的・道徳的な要素について述べている。*Das Kapital* I, S. 179〔向坂逸郎訳『資本論』(一)、岩波文庫、一九六九年、一六八頁〕.

(42) Institut f. Gesellschaftswissenschaften beim ZK der SED (Hrsg.), *Imperialismus heute*, Berlin 1965〔振津純雄訳『現代の帝国主義——西ドイツ国家独占資本主義』盛書房、一九八〇年〕; R. Gündel, H. Heininger, P. Hess, K. Zieschang, *Zur Theorie des staatsmonopolistischen Kapitalismus*, Berlin 1967.

(43) M. Wirth, *Kapitalismustheorie in der DDR*, Frankfurt 1972.

(44) J. Hirsch, *Funktionsveränderungen der Staatsverwaltung in spätkapitalistischen Industriegesellschaften*, in: *Bl. f. dt. u. int. Politik* 1969, S. 150ff.

(45) C. Offe, *Klassenherrschaft und politisches System*, a.a.O., S. 66ff.〔寿福編訳『後期資本制社会システム』四〇頁以下〕.

(46) Ebd., S. 78ff.〔寿福編訳『後期資本制社会システム』五一頁以下〕.

(47) 本書一二三頁以下を見よ。

(48) J. Hirsch, *Wissenschaftlich-technischer Fortschritt*, a.a.O., S. 248ff.

(49) C・オッフェは「テクノクラシーの政治的ディレンマ」と述べている。

(50) これは国家行政の自己理解のなかにシステム理論用語が侵入したことの帰結のひとつである。

(51) St. Cohen, *Modern Capitalist Planning*, Cambridge 1969.

(52) H. Arndt, *Die Konzentration der westdeutschen Wirtschaft*, Pfullingen 1966; J. Hufschmid,

Die Politik des Kapitals, Frankfurt 1970; G. Kolko, *Besitz und Macht*, Frankfurt 1967.

(53) F. W. Scharpf, *Planung als politischer Prozeß*, in: *Die Verwaltung* 1971; ders., *Komplexität als Schranke der politischen Planung*, in: *PVJ*, Sonderheft 4/1972, S. 168ff.

(54) R. Funke, *Exkurs über Planungsrationalität* (Manuskript MPIL); ders., *Organisationsstrukturen planender Verwaltung*, Diss. Darmstadt 1973.

(55) C. Offe, *Tauschverhältnis und politische Steuerung*, a.a.O., S. 27ff.〔寿福編訳『後期資本制社会システム』八二頁以下〕.

(56) F. Naschold, *Organisation und Demokratie*, Stuttgart 1969; ders., *Komplexität und Demokratie*, in: *PVJ* 1968, S. 494ff.; これにたいするルーマンの批判(*PVJ*, 1969, S. 324ff.)とナーショルトの応答(ebd., S. 326f.); さらに、Sylvia und Wolfgang Streeck, *Parteiensystem und Status quo*, Frankfurt 1972.

(57) M. Edelmann, *The Symbolic Uses of Politics*, Chicago 1964〔法貴良一訳『政治の象徴作用』中央大学出版部、一九九八年〕; ders., *Politics as Symbolic Action*, Chicago 1971.

(58) H. G. Gadamer, *Wahrheit und Methode*, Tübingen 1969〔轡田収ほか訳『真理と方法』法政大学出版局、一九八六・二〇〇八・二〇一二年〕.

(59) A. Wellmer, *Kritische Gesellschaftstheorie und Positivismus*, Frankfurt 1969, S. 42ff.

(60) J. Habermas, *Bewußtmachende oder rettende Kritik?* In: *Zur Aktualität Walter Benjamins*, Frankfurt 1972, S. 173ff.〔小牧治・村上隆夫訳『哲学的・政治的プロフィール(下)』未来社、一九

八六年、一二九頁以下〕.

(61) 西ドイツではこの論争は S. B. Robinsohn, *Bildungsreform als Revision des Curriculum*, Neuwied 1967 によってひき起こされた。

(62) U・エーヴァーマンによって興味深い論証が Institut für Bildungsforschung の研究戦略のための草稿(Berlin 1970)において展開されている。

(63) H. E. Bahr (Hrsg.), *Politisierung des Alltags*, Neuwied 1972; C. Offe, *Bürgerinitiativen*, in: *Strukturprobleme*, a.a.O., S. 153ff.

(64) R. Mayntz, *Funktionen der Beteiligung bei öffentlicher Planung*, in: *Demokratie und Verwaltung*, Berlin 1972, S. 341ff.

(65) 現在のところこの点については、H. P. Widmaier, *Machtstrukturen im Wohlfahrtsstaat*, Regensburger Diskussionsbeiträge zur Wirtschaftswissenschaft, 1973.

(66) A. Shonfield, *Modern Capitalism*, a.a.O.

(67) C. Offe, *Krisen des Krisenmanagement*, a.a.O., S. 220.

(68) J. Habermas, *Zur Logik der Sozialwissenschaften*, Frankfurt 1970, S. 290ff.〔清水多吉ほか訳『社会科学の論理によせて』国文社、一九九一年、三三二頁以下〕.

(69) 文化人類学における「ベーシック・パーソナリティ・アプローチ」の挫折が示しているように、単純な伝達の仮定は十分ではない。Oevermann, Kräppner, Krappmann, *Elternhaus und Schule* (Manuskript, Institut f. Bildungsforschung Berlin) のプロジェクトの提案には納得のいく社会化モデルがふくまれている。

(70) 規範的構造と動機づけ構造との対応関係は、道徳意識の個体発生の諸段階については、いかにもありそうなことである。L. Kohlberg, *Stage and Sequence: The Cognitive Developmental Approach to Socialization*, in: D. A. Goslin (Ed.), *Handbook of Socialization. Theory and Research*, Chicago 1969, S. 397ff.〔永野訳『道徳性の形成』〕.

(71) J. Habermas, *Naturrecht und Revolution*, in: *Theorie und Praxis*, a.a.O., S. 89ff.〔細谷訳『理論と実践』七三頁以下〕.

(72) G. A. Almond, S. Verba, *The Civic Culture*, Boston, 1965〔石川一雄ほか訳『現代市民の政治文化』勁草書房、一九七四年、四七七頁〕.

(73) このカテゴリーの歴史的背景については、C. B. Macpherson, *Besitzindividualismus*, Frankfurt 1972〔藤野渉訳『所有的個人主義の政治理論』合同出版、一九八〇年〕。

(74) M. Müller, H. Bredekamp u. a., *Autonomie der Kunst*, Frankfurt 1972.

(75) H. Marcuse, *Konterrevolution und Revolte*, Frankfurt 1973〔生松訳『反革命と叛乱』〕.

(76) D. Käsler (Hrsg.), *Max Weber*, München 1972; W. Schluchter, *Aspekte bürokratischer Herrschaft*, München 1972, S. 236ff.

(77) R. Döbert, G. Nunner, *Konflikt- und Rückzugspotentiale*, a.a.O.

(78) G. Nunner-Winkler, *Chancengleichheit und individuelle Förderung*, Stuttgart 1971.

(79) D. Hartung, R. Nuthmann, W. D. Winterhager, *Politologen im Beruf*, Stuttgart 1970. W.

Armbruster, H. J. Bodenhöfer, H. J. Hartung, R. Nuthmann, *Expansion und Innovation* (Manuskript Institut für Bildungsforschung), Berlin 1972.

(80) C. Offe, *Leistungsprinzip und industrielle Arbeit*, Frankfurt 1970.

(81) 本書一二一頁以下を見よ。

(82) R. Bendix, *Der Glaube an die Wissenschaft*, Konstanz 1971.

(83) J. Mittelstrass, *Das praktische Fundament der Wissenschaft*, Konstanz 1972.

(84) A. Hauser, *Sozialgeschichte der Kunst und Literatur*, Bd. II, München 1953, S. 44ff.〔高橋義孝訳『芸術と文学の社会史』第二巻、平凡社、一九六八年、六一頁以下〕.

(85) D. Bell, *The Cultural Contradictions of Capitalism*, in: *Public Interest Fall*, 1970, S. 16ff.

(86) K. Keniston, *Youth and Dissent*, New York 1971, S. 387f.〔高田昭彦・高田素子・草津攻訳『青年の異議申し立て』東京創元社、一九七七年、四四九頁〕.

(87) R. Döbert, G. Nunner, *Konflikt- und Rückzugspotentiale*, a.a.O.

(88) K. Keniston, *Young Radicals*, New York 1968.

(89) R. Döbert, G. Nunner, *Konflikt- und Rückzugspotentiale*, a.a.O.　学生叛乱の経験内容について理論的に高度な解釈を試みているのは、O. Negt, A. Kluge, *Öffentlichkeit und Erfahrung. Zur Organisationsanalyse von bürgerlicher und proletarischer Öffentlichkeit*, Frankfurt 1972.

第三章

（1）M. Weber, *Die Typen der Herrschaft*, in: *Wirtschaft und Gesellschaft*, Köln 1956, Bd. I, S. 157ff.〔世良晃志郎訳『支配の諸類型』創文社、一九七〇年、一五〇頁以下〕.

（2）Ebd., Bd. II, S. 701〔世良晃志郎訳『支配の社会学1』創文社、一九六〇年、二七頁〕.

（3）G. Lenski, *Power and Privilege*, a.a.O., S. 43ff.

（4）*Wirtschaft und Gesellschaft*, a.a.O., Bd. I, S. 158〔世良訳『支配の諸類型』六頁〕.

（5）Ebd., S. 157〔世良訳『支配の諸類型』六頁〕.

（6）Ebd., Bd. II, S. 701〔世良訳『支配の社会学1』二八頁〕.

（7）Ebd., S. 160ff.〔世良訳『支配の諸類型』一〇頁以下〕; 703ff.〔世良訳『支配の社会学1』六〇頁以下〕.

（8）Ch. Siara, *Bürgerliches Formalrecht bei Max Weber*, Diplomarbeit Frankfurt 1968.

（9）N. Luhmann, *Soziologie des politischen Systems*, a.a.O., S. 167.

（10）N. Luhmann, *Positives Recht und Ideologie*, in: *Soziologische Aufklärung*, a.a.O., S. 180.

（11）N. Luhmann, *Legitimation durch Verfahren*, Neuwied 1969, S. 51〔今井弘道訳『手続きを通しての正統化』風行社、一九九〇年、四三頁〕.

（12）Ebd., S. 239〔今井訳『手続きを通しての正統化』三〇五頁〕.

（13）Ebd., S. 240〔今井訳『手続きを通しての正統化』三〇六頁〕.

（14）「構造は世界の極度の複雑性を縮減して、行為の前提とされ通常それ以上にさかのぼって問われることのない予期の領域にまで大幅に狭め、単純化する。それゆえ、構造はつねに「錯誤」に依拠しており、〔……〕とりわけ人間の現実の行為ポテンシャルについての錯誤に依拠している。そうである以上人間は失望にたいして心の準備ができていなければならない」(a.a.O., S. 233f.〔今井訳『手続きを通しての正統化』二九九頁〕)。

(15) J. Winckelmann, *Legitimität und Legalität in Max Webers Herrschaftssoziologie*, Tübingen 1952, S. 75f.

(16) Ebd., S. 72f.

(17) K. Jaspers, *Max Weber*, Oldenburg 1932〔樺俊雄訳『マックス・ウェーバー』理想社、一九六六年〕.

(18) 以下を参照せよ。W. J. Mommsen, *Max Weber und die deutsche Politik*, Tübingen 1959, S. 418〔安世舟ほか訳『マックス・ヴェーバーとドイツ政治 1890～1920　Ⅱ』未来社、一九九四年、七〇〇頁〕.「ヴィンケルマンは、ヴェーバーの民主的支配の理論には価値合理的な種類のいわゆる「内在的な正統性の制約」があり、それによってたんなる形式的な合法主義には歯止めがかけられるのであると指摘しようとしているが、それはまったく誤った解釈である」〔S. 482. 前掲訳書、七九九頁〕。

(19) Habermas, Luhmann, *Theorie der Gesellschaft*, a.a.O., S. 243f.〔佐藤ほか訳『批判理論と社会システム理論』二九三頁以下〕.

(20) K. R. Popper, *Die offene Gesellschaft und ihre Feinde*, Bd. I, Bern 1957, Kap. 5: Natur und

Konvention, S. 90ff.〔内田詔夫・小河原誠訳『開かれた社会とその敵　第一部　プラトンの呪文』未来社、一九八〇年、七七頁以下〕.

(21) L. Stevenson, *Ethics and Language*, New Haven 1950〔島田四郎訳『倫理と言語』内田老鶴圃、二〇〇〇年〕; D. H. Monro, *Empiricism and Ethics*, Cambridge 1967.

(22) R. M. Hare, *Die Sprache der Moral*, Frankfurt 1972〔小泉仰・大久保正健訳『道徳の言語』勁草書房、一九八二年〕.

(23) K. H. Ilting, *Anerkennung*, in: *Probleme der Ethik*, Freiburg 1972.

(24) H. Albert, *Traktat über kritische Vernunft*, Kap. III, S. 55ff.〔萩原能久訳『批判的理性論考』御茶の水書房、一九八五年、八九頁以下〕. もっとも、J. Mittelstrass (*Das praktische Fundament der Wissenschaft*, Konstanz 1972, S. 18)は、ポパー－アルバート的なトリレンマは演繹的基礎づけと基礎づけ一般とが理由もなく同一視されることによってはじめてつくりだされるということを正当にも指摘している。K. O. Apel (*Das Apriori der Kommunikationsgemeinschaft*, in: *Transformation der Philosophie*, Frankfurt 1973, Bd. II, S. 405ff.〔磯江景孜ほか訳『哲学の変換』二玄社、一九八六年、二七三頁〕)は、演繹的基礎づけと超越論的基礎づけを区別し、批判的合理主義の反省欠如の原因を、議論にそなわる語用論的次元の独特な度外視に求めている。「すなわち、語用論的な記号次元を捨象するという前提のもとでは、議論をおこなう人間的主体は存在せず、それゆえわれわれにとっていつでも前提とされている議論の可能性の条件への反省の可能性も存在しないのである。そのかわりに存在するのは——当然のことであるが——人間の反省能力がそこにおいて議論主体としてあらわになると同時に隠れもするようなメタ言語、メタ理論などの無限の階層秩序《ヒエラルヒー》である。［……］とはいえわれわれは、われわれの反省能力——厳密にいえば、統語論的・意味論的体系の次元においてアプリオリに除外されている思考操作の人間的主体の自己反省——が無限背進のアポリアの背後に隠れており、たとえばゲーデルがいうような意味での決定不可能性の証明のようなものを可能にしているということがはっきりとわかっているのである。いいかえれば、まさに議論の統語論的・意味論的モデルにおいて議論の可能性の主体的条件は客観化不可能であるということを確認することのなかにこそ、議論する超越論的・語用論的主体の自己反省的な知が表現されているのである」(ebd., S. 406f.〔前掲訳書、二七四頁以下〕)。

(25) J. Dewey, *The Quest for Certainty*, New York 1929〔河村望訳『デューイ＝ミード著作集5 確実性の探求』人間の科学新社、二〇一七年〕.

(26) St. Toulmin, *The Uses of Argument*, a.a.O.〔戸田山ほか訳『議論の技法』〕; パースについては、K. O. Apel, *Von Kant zu Peirce. Die semiotische Transformation der Transzendentalen Logik*, in: *Transformation der Philosophie*, a.a.O., S. 157ff.

(27) J. Habermas, *Wahrheitstheorien*, a.a.O.

(28) R. Grice, *The Grounds of Moral Judgement*, Cambridge 1967.

(29) K. Baier, *The Moral Point of View*, Ithaca 1958; M. G. Singer, *Generalization in Ethics*, London 1963.

(30) P. Lorenzen, *Normative Logic and Ethics*, Mannheim 1969〔遠藤弘訳『コトバと規範』理想社、

一九七二年〕; ders., *Szientismus versus Dialektik*, in: *Festschrift für Gadamer*, Tübingen 1970, Bd. I, S. 57ff.; O. Schwemmer, *Philosophie der Praxis*, Frankfurt 1971; S. Blasche, O. Schwemmer, *Methode und Dialektik*, in: M. Riedel (Hrsg.), *Rehabilitierung der praktischen Philosophie* I, Freiburg 1972, S. 457ff.

(31) P. Lorenzen, *Normative Logic and Ethics*, a.a.O., S. 74〔遠藤訳『コトバと規範』一四〇頁〕.

(32) O. Schwemmer, *Philosophie der Praxis*, a.a.O., S. 194.

(33) まもなく刊行される F. Kambartel 編の実践哲学にかんする理論討議集〔*Praktische Philosophie und konstruktive Wissenschaftstheorie*, Frankfurt 1974〕の草稿。

(34) K. O. Apel, *Das Apriori der Kommunikationsgemeinschaft und die Grundlagen der Ethik*, a.a.O., S. 358ff.〔磯江ほか訳『哲学の変換』二二一頁以下〕も参照せよ。この魅力的な論文のなかで、アーペルは自身の大がかりな再構成の試みを要約しているが、そこで彼は、「間主観的な合意という前提のもとでの真理の追求は、理想的なコミュニケーション的共同体の道徳をも先取りしていなければならない」(S. 405〔前掲訳書、二七三頁〕)というコミュニケーション的倫理の基本的な想定を展開している。もっとも、アーペルにおいても決断主義的な問題が残されている。「〔……〕わたしの考えでは、道徳原理の正当化というまったく有意味な問いをたてるひとであればだれでも、もうすでに討論に参加しているのであり、そのひとに——ロレンツェンとシュヴェンマーが歩んだ理性の再構成の道をそのまま通って——自分が「いつでも」根本原理として受け入れているものが何であるのかということを「洞察させる」ことができるし、また意志的な裏づけによってこの原理を議論の可能性と妥当性の条件として受け入れるべきであるということを「洞察させる」ことができるのである。このことを洞察しないひと、あるいは受け入れないひとは、そのために討論から排除される。しかし、討論に参加しないひとは、そもそも倫理的な根本原理の正当化についての問いをたてることができず、そうした問いの無意味さについて論じたり、そのひとにしっかりと信仰をもつ決意を薦めたりすることは無意味なのである」（S. 420/21〔前掲訳書、二九〇頁以下〕）。けれどもそうした「意志的な裏づけ」は、討議はたんに偶発的なものではなく、生活の連関のなかに体系的に埋め込まれており、それに特有の脆《もろ》い事実性は討議による妥当請求の承認のうちにつねにあるということに目が向けられないかぎり、仰々しい行為へと祭り上げられてしまう。議論に参加しない者、あるいは参加するつもりのない者は、それでも「いつでも」コミュニケーション的行為の連関のなかにいるのである。ひとはそうすることによって、たとえ抗事実的に提起されるとしても、発話行為において展開され、ただ討議によってのみ認証可能な妥当請求をすでに素朴に承認しているのであり、そうでなければ、コミュニケーション的に習熟した日常実践の言語ゲームから脱落しなくてはならなかったはずである。方法的独我論の基本的誤謬は、モノローグ的思考の可能性という仮定だけでなく、モノローグ的行為の可能性という仮定にもおよぶ。発話と行為の能力をもつ主体がコミュニケーション的行為の特殊なケースを、すなわち道具的かつ戦略的な行為者というモノローグ的役割を、自分のアイデンティティを失うことなく永続化しうるかのような考えは不合理である。コミュニケーション的に社会化された諸個人の社会文化的な生活形式は、いかなる相互行為連関においても純粋なコミュニケーション的行為という「超越論的仮象」をうみだし、同時に、いかなる相互行為連関にも、行為のなかで受け入れられた妥当請求を討議によって吟味しうるような理想的発話状況の可能性を構造的にさし示すのである(Habermas, Luhmann, *Gesellschaftstheorie*, a.a.O., S. 136ff.〔佐藤ほか訳『批判理論と社会システム理論』一六三頁以下〕)。ちなみに、コミュニケーション的共同体を、さしあたり議論の共同体としてではなく相互行為の共同体として理解し、討議としてではなく行為として理解するならば、解放論の観点から見て重要な「現実の」コミュニケーション的共同体と「理想的な」コミュニケーション的共同体との関係も(Apel, a.a.O., S. 429ff.〔前掲訳書、二九八頁以下〕)、純粋なコミュニケーション的行為の理想化を手引きにして探求することができる(*Theorie und Praxis*, Frankfurt 1971 の新版〔細谷訳『理論と実践』〕に付した序論ならびに *Erkenntnis und Interesse*, Frankfurt 1973 のペーパーバック版〔奥山ほか訳『認識と関心』〕のあとがきを参照せよ)。

(35) H. Schelsky, *Mehr Demokratie oder mehr Freiheit?* In: *FAZ* vom 20. Januar 1973, S. 7.

(36) J. Habermas, *Der Universalitätsanspruch der Hermeneutik*, in: *Hermeneutik und Ideologiekritik*, Frankfurt 1971, S. 120ff.

(37) P. Lorenzen, *Szientismus versus Dialektik*, a.a.O.

(38) J. Habermas, *Einige Bemerkungen zum Problem der Begründung von Werturteilen*, in: *Verh. d. 9. Dt. Kongr. f. Philosophie*, Meisenheim 1972, S. 89ff.

(39) C. Offe, *Klassenherrschaft und politisches System*, a.a.O., S. 85〔寿福編訳『後期資本制社会システム』五七頁〕.

(40) J. Habermas, *Erkenntnis und Interesse*, a.a.O., S. 344ff.〔奥山ほか訳『認識と関心』二九七頁以下〕.

(41) 前掲〔第一章注(20)〕の R. Döbert の博士論文を参照せよ。さらに以下も参照せよ。G. Schmid, *N. Luhmanns funktional-strukturelle Systemtheorie*, *PVJ*, 1970, S. 186ff.

(42) J. Habermas, *Technik und Wissenschaft als ›Ideologie‹*, a.a.O., S. 137f.〔長谷川訳『イデオロギーとしての技術と科学』一五六頁以下〕.

(43) P. Berger, *The Sacred Canopy*, New York 1967, S. 22f.〔薗田稔訳『聖なる天蓋――神聖世界の社会学』新曜社、一九七九年、三三頁〕.

(44) これについては以下のレヴィ＝ストロースの研究を参照せよ。*Das Ende des Totemismus*, Frankfurt 1965〔仲沢紀雄訳『今日のトーテミスム』みすず書房、一九七〇年〕; *Strukturale Anthropologie*, Frankfurt 1967, S. 181ff.〔荒川幾男ほか訳『構造人類学』みすず書房、一九七二年〕; ders., *Mythologica I u. II*, Frankfurt 1971/72〔早水洋太郎訳『神話論理1　生のものと火を通したもの』みすず書房、二〇〇六年、早水洋太郎訳『神話論理2　蜜から灰へ』みすず書房、二〇〇七年〕.

(45) 現在では以下を参照せよ。T. Rendtorff, *Theorie des Christentums*, Gütersloh 1972, S. 96ff.

(46) C. F. von Weizsäcker, *Die Einheit der Natur*, Stuttgart 1971〔斎藤義一・河井徳治訳『自然の統一』法政大学出版局、一九七九年〕.

(47) Nietzsche, *Werke*, ed. Schlechta, Bd. III, S. 635〔原佑訳『ニーチェ全集12　権力への意志　上』

ちくま学芸文庫、一九九三年、一四頁以下〕.

(48) Ebd., Bd. III, S. 480〔原訳『権力への意志　上』三二一頁〕.

(49) J. Habermas, *Naturrecht und Revolution* in: *Theorie und Praxis*, a.a.O., S. 89ff.〔細谷訳『理論と実践』七三頁〕.

(50) P. Bachrach, *Die Theorie der demokratischen Eliteherrschaft*, Frankfurt 1967.

(51) Ebd., S. 8.

(52) M. Landmann, *Das Ende des Individuums*, Stuttgart 1971.

(53) A. Wellmer, *Kritische Gesellschaftstheorie und Positivismus*, a.a.O., S. 139.

(54) H. Schelsky, *Der Mensch in der wissenschaftlichen Zivilisation*, in: *Auf der Suche nach Wirklichkeit*, Düsseldorf 1965, S. 468.

(55) H. Schelsky, *Ortsbestimmung der deutschen Soziologie*, Düsseldorf 1959, S. 96ff.

(56) H. Schelsky, *Der Mensch in der wissenschaftlichen Zivilisation*, a.a.O., S. 471.

(57) H. Schelsky, *Ist Dauerreflexion institutionalisierbar?* In: *Auf der Suche nach Wirklichkeit*, a.a.O., S. 250ff.

(58) T. W. Adorno, *Minima Moralia*, Frankfurt 1951, S. 251f.〔三光長治訳『ミニマ・モラリア』法政大学出版局、一九七九年、二〇一―二〇二頁〕.

(59) B. Willms, *Revolution oder Protest*, a.a.O., S. 11〔信太正三訳『革命と拒絶』理想社、一九七一年〕; ders., *System und Subjekt*, in: *Theorie der Gesellschaft*, Suppl. I, Frankfurt 1973.

（60）T. W. Adorno, *Minima Moralia*, a.a.O., S. 109〔三光訳『ミニマ・モラリア』八三頁〕.

（61）L. S. Feuer, *What is Alienation? The Career of a Concept*, in: Stein, Vidich (Eds.), *Sociology on Trial*, Englewood Cliffs 1963. さらに，K. Keniston, R. D. Laing, G. Sykes の研究や，アノミー，「都市問題」，アイデンティティ問題などにかんする文献を参照せよ。

（62）A. Etzioni, *The Active Society*, New York 1968, S. 618.

（63）Ebd., S. 633ff.

（64）Habermas, Luhmann, *Theorie der Gesellschaft*, a.a.O., S. 293〔佐藤ほか訳『批判理論と社会システム理論』三八二頁〕.

（65）Ebd., S. 326f.〔佐藤ほか訳『批判理論と社会システム理論』四一一―四一二頁〕.

（66）Ebd., S. 327〔佐藤ほか訳『批判理論と社会システム理論』四一三頁〕.

（67）W. D. Narr, C. Offe, *Wohlfahrtsstaat und Massenloyalität*, Köln 1973（近刊）, Einleitung.

（68）Habermas, Luhmann, *Theorie der Gesellschaft*, a.a.O., S. 300ff.〔佐藤ほか訳『批判理論と社会システム理論』三八八頁以下〕.

（69）N. Luhmann, *Komplexität und Demokratie*, a.a.O., S. 316.

（70）Ebd., S. 317.

（71）N. Luhmann, *Politikbegriffe und die »Politisierung« der Verwaltung*, in: *Demokratie und Verwaltung*, Berlin 1972, S. 211ff., hier S. 221.

（72）Ebd., S. 220.

(73) N. Luhmann, *Komplexität und Demokratie*, S. 319.

(74) N. Luhmann, *Politische Planung*, Opladen 1971, Vorwort.

(75) L. C. Gawthrop, *Administrative Politics and Social Change*, New York 1971; Ronge, Schmieg (Hrsg.), *Politische Planung in Theorie und Praxis*, München 1972, Einleitung; dies., *Restriktionen politischer Planung*, Diss. Bremen 1972, insbes. Kap. I u. 5.

(76) N. Luhmann, *Politikbegriffe*, a.a.O., S. 225.

(77) L. C. Gawthrop, *Administrative Politics*, a.a.O., S. 42ff.

(78) N. Luhmann, *Politikbegriffe*, S. 225; ders., *Selbstthematisierungen des Gesellschaftssystems*, in: *Z.F.S.* 1973, S. 21ff.

(79) F. Naschold, *Zur Politik und Ökonomie der Planung*, in: *PVJ*, Sonderheft 4, 1972, S. 13ff.

(80) N. Luhmann, *Politikbegriffe*, a.a.O., S. 224.

(81) Ebd., S. 227f.

(82) A. Gehlen, *Über Kristallisation*, in: *Studien zur Anthropologie*, Neuwied 1963, S. 311ff.

(83) F. Naschold, *Politik und Ökonomie*, a.a.O., S. 43.

(84) Scharpf, *Komplexität als Schranke der politischen Planung*, a.a.O., S. 169.

(85) M. Fester, *Vorstudien zu einer Theorie kommunikativer Planung*, *ARCH* 1970, S. 43ff.

(86) R. Mayntz (Hrsg.), *Bürokratische Organisation*, Köln 1968; 同著者による (Hrsg.), *Formalisierte Modelle in der Soziologie*, Neuwied 1967.

（87）Etzioni, *The Active Society*, a.a.O., S. 622ff.

（88）同頁。

（89）M. Fester, *Vorstudien*, a.a.O., S. 67ff. 以下の Battelle-Instituts: BMBW, *Methoden der Prioritätenbestimmung* I, Bonn 1971 の研究結果も参照せよ。

（90）オッフェは、行動主義の理論について実験的な考察を展開している。「それゆえ、政治的支配の階級的性格を〔……〕証明しようとする国家理論の問題は、それは理論としては、すなわち国家の諸機能とその利害関係についての客観的な記述としては、そもそも実行不可能であるという点にある。階級闘争という実践がはじめてそうした国家理論の認識請求に応えるのである。〔……〕もっとも、こうした理論的な認識能力の限界は、その方法の不十分さによってではなく、対象の構造によって条件づけられている。その構造は階級理論による解明から逃れるのである。単純化していうと、資本主義的産業社会における政治的支配はそのものとしては認識させない階級支配の方法である」（Offe, *Strukturprobleme*, a.a.O., S. 90/91〔寿福編訳『後期資本制社会システム』六三頁〕）。オッフェは、彼が主張する国家の階級的性格にはそもそも客観的な認識がおよばないという点を出発点にしている。わたしの考えでは、われわれはこうした前提を共有する必要はない。というのも、先に導入した、抑圧されてはいるが普遍化可能な利益というモデルは、非決定、選択規則、潜在現象を再構築するにあたって十分に利用できるからである。かりにわれわれがオッフェの前提を共有せざるをえないとしてすら、彼の議論は一貫性を欠いたままである。階級構造を取り除くという目標は、たとえば以下の観点から基礎づけられうると仮定してみよう。

- みずからを正当化することのできる実践は、独立した、すなわち理性的な実践である。
- 正当化可能な実践を要求することは、行為から政治的帰結が生じうる場合には、つねに理性的である。
- したがって、規範的な妥当請求を抗事実的にのみ掲げることのできる社会システムを廃絶することと、すなわち普遍化可能な利益を構造的に抑圧しているためにそうした実践を正当化することのできない社会システムを廃絶することは理性的である。

ところで、もしわれわれの社会システムの階級的性格が、オッフェが主張するように認識できないとすれば、革命的行為はせいぜいのところ、あとでふり返ってみて真であるか偽であるかが判明するという推測を支えにできるものでしかないことになろう。階級的性格が認識されないかぎりは、政治的行為を普遍化可能な利益にもとづいて正当化することはできず、それは非理性的な実践のままである。しかし、非理性的な実践を(みずからどのような目標を掲げようとも)、他の任意の実践にたいして(ファシズム的であることを明言する実践にたいしてすらも)理由を挙げて優先させることはできない。それどころか、そうした実践が意志と意識をもって遂行されると、それは、ただ階級構造の廃絶についてのみ要求されうる(ほかならぬその)正当化を否認することになるのである。

ところで、こうした検討をくわえてみても、ひとが決断主義的な行為モデルを受け入れることを妨げるとはかぎらない。これ以外の選択肢がまったくないことはいくらでもある。しかし、そうした場合にひとは主観的に行為しているのであり、リスクをよく考えてみると、こうした行為の政治的帰結によってもっぱら道徳的責任が問われるかもしれないことを知ることはできる。このこともまだ実践理性の力にたいする信頼を前提としている。もっとも、実践理性そのものに懐疑的なひとですら、自分が主観的に行為しているだけではなく、そもそも自分の行為が議論の埒外にあるということを知っていることもありえよう。しかしそうだとすれば、行動主義の理論もまた余計なものになる。すなわち、行動を遂行することだけで十分だということになる。そうした行動の成果と結びついている理由のない期待は、行動に何もつけくわえることができない。むしろ行動は、議論のはるかかなたで、行動そのもののためにおこなわれなければならない——それを経験的な出来事として呼び起こすためにどれだけレトリックが費やされるかは、どうでもよいことなのである。

訳注

第一章

〔1〕「後期資本主義 Spätkapitalismus」という概念は、ヴェルナー・ゾンバルトが『近代資本主義』（一九〇二年）でおこなった資本主義の段階区分（「初期資本主義」、「高度資本主義」、「後期資本主義」）に由来するといわれている。一九六〇年代には、この概念はアドルノやマルクーゼをはじめとする西欧マルクス主義者によって取り上げられており、また本書出版の前年にはエルネスト・マンデルの主題的な研究が出版されていた。

〔2〕「組織資本主義 organisierter Kapitalismus」——「組織された資本主義」とも訳される——という概念は、『金融資本論』で知られるドイツ社会民主党の理論的指導者ルドルフ・ヒルファディングによって提起された。ヒルファディングは一九一五年に雑誌『カンプ』に掲載した論文「諸階級の労働共同体か？」で、独占的に組織された産業にたいする少数の銀行の支配が生産資本主義の特徴をなす無政府性を緩和する傾向をもち、この傾向のなかに、無政府的資本主義経済体制が組織的資本主義経済体制へと転換する萌芽がふくまれていると論じた。組織資本主義論は、資本主義の全般的危機という点に固執するマルクス主義正統派から修正主義の一種として批判を浴びたが、他方では資本主義の相対的安定化をリアリスティックに説明する理論という評価

も受けることとなる。

第二章

〔１〕「境界条件」（ドイツ語ではRandbedingung. 英語ではboundary condition）は本来数学上の概念であるが、ここでは数学的な定義よりも「経験主義の二つのドグマ」におけるＷ・ｖ・Ｏ・クワインの有名なテーゼに見られる用例を挙げるほうが読者の直観的理解に資すると思われる。「地理や歴史についてのごくありふれた事柄から、原子物理学、さらには純粋数学や論理に属するきわめて深遠な法則にいたるまで、われわれのいわゆる知識や信念の総体は、周縁に沿ってのみ経験と接する人工の構築物である。あるいは、別の比喩を用いれば、科学全体は、その境界条件が経験である力の場のようなものである」（飯田隆訳『論理的観点から』勁草書房、一九九二年、六三頁）。

〔２〕労働力に投下される資本（可変資本）と生産手段に投下される資本（不変資本）の割合を、資本の価値構成と呼ぶ。これにたいして、労働者の数と生産手段の分量との割合を資本の技術的構成と呼ぶ。そして、技術革新や生産性の向上などを通じて変化する資本の技術的構成を反映した資本の価値構成を資本の有機的構成と呼ぶ。したがって、資本集約型の産業が優勢で、膨大な生産手段の購買が必要な独占セクターと公的セクターにおいては民間セクターにくらべて資本の有機的構成が高いのが通例である。

〔３〕通常「反動形成」と訳されるフロイトのReaktionsbildungという概念。抑圧された欲求が言

動にあらわれないように反対の傾向を強調することで制御しようとする心的な態度や習性をいう。

〔4〕資本家が相対的に多くの資本を生産手段に投下することによって資本の有機的構成が高まると、労働者がうみだす剰余価値が減少するため、同時に利潤率が低下する。マルクスは、資本主義における長期的な傾向として利潤率が低下するとした。

〔5〕オコンナーによれば、資本主義国家には「社会資本」と「社会的損費 social expenses」の二つの基礎的機能がある。「社会資本」は私的資本による蓄積を支援する支出で、間接的なかたちで生産的な支出である。それは「社会的投資」(社会的不変資本)と社会保険を一例とする「社会的消費 social consumption」(社会的可変資本)に分類される。「社会的損費」は、間接的にも生産的ではない支出で、福祉サービスや警察活動のような社会的調和を維持する(国家の正統化機能を達成する)ために必要とされるプロジェクトやサービスをさす。

〔6〕資本主義の発達にともない、国家は自由放任主義を捨て、経済と社会の管理への関与を強める。第一次世界大戦下での国家による経済統制がすすんだ資本主義を、レーニンがたんなる独占資本主義と区別して国家独占資本主義と呼んで以来、国家独占資本主義をどうとらえるかをめぐって論争がくりかえされてきた。一九六〇年代には東ドイツの経済学者は、国家と独占の「融合 Verschmelzung」をもって国家独占資本主義の本質として、西ドイツ資本主義についての実証研究を発表した。これにたいしては、国家と資本との間の複雑な緊張関係を軽視するものとしてマルクス主義理論家のエルネスト・マンデルや歴史家のユルゲン・コッカなどから批判が寄せられ論争となった。なお、ここでハーバーマスが用いている「正統派」と「修正主義」という二分

法は、マルクス主義における伝統的な用語法がさすものとは直接関係なく、後期資本主義においても価値法則の妥当性をなおも肯定する立場と、国家の関与の増大を重視してそれに否定的な立場という意味で用いられていると見られる。

〔7〕政策の変更における政治的制約を重視するチャールズ・リンドブロムの政策形成過程についての理論。リンドブロムによれば、政策立案者は、①理想の達成のためではなく現実の弊害を除去するために政策の立案に着手し、②公共的利益や他の諸機関の利益のためではなく、所属機関と対象集団の利益の観点から、③目的と手段を区別しないまま、④現行業務の実施方法にわずかな修正を加えることからはじめ、⑤せいぜい二つか三つの実現可能な選択肢を考慮し、⑥一挙に問題解決をはかるのではなく、政策の修正や変更をくりかえしながら漸進的にこれを解決しようとする。リンドブロムは、政策立案者たちがこのように利己主義的で現実主義的に行動することによって形成される政策は多元的相互調節により公共的な利益を実現すると論じた。

〔8〕原文は、一四六頁四行目まででひとつのパラグラフをなす。

第三章

〔1〕カール・ポパーによって提唱された哲学的立場で、英語圏やドイツ語圏を中心に大きな影響をあたえた。ポパーによれば、科学的知識とそれ以外のものを識別する基準は反証可能性である。すなわち、われわれの知識はすべて誤りうるものであり、それゆえに公共的な批判によってより合理的な解決案を競合させることで、真理への漸進的な接近をはかることができる。それは科学

的認識に限られることではなく、あらゆる領域で批判を許容し、漸進的な改良をはかる社会を「開かれた社会」としてめざすことから、全体主義や社会主義に反対する社会哲学としても展開された。

〔2〕原文は、一九九頁四行目まででひとつのパラグラフをなす。

〔3〕原文は、二〇二頁最終行目まででひとつのパラグラフをなす。

〔4〕一九六〇年代後半、他の西側先進諸国と同様に、西ドイツでもヴェトナム反戦や大学改革などのテーマをめぐって学生運動が盛り上がりを見せていた。ハーバーマスをふくめてフランクフルト学派はこうした新左翼主導の運動に強い思想的影響をあたえていた。学生運動の指導者ルディ・ドゥチュケは政治的な実践としての「行動 Aktion」を強調し、挑発的な行動により体制側の権威主義的で抑圧的な性格を浮き彫りにするよう説いた。多くの新左翼から批判を浴びることになる。ハーバーマスは「行動」にうったえるドゥチュケを「左翼ファシズム」と非難し、多くの新左翼から批判を浴びることになる(ハーバーマスは七〇年代後半にこの発言を撤回する)。六八年五月末の非常事態措置法の阻止失敗を契機に、学生運動は分裂し、衰退の道をたどりはじめる。本書が執筆されていた七〇年代初頭は、赤軍派のように武装闘争路線へと急進化するグループが出現する一方で、のちの「新しい社会運動」や緑の党など体制内での改革をめざす動きが緒に就くという「行動主義」の転換期でもあった。

解　説

ユルゲン・ハーバーマスは一九二九年にドイツのライン河畔の都市デュッセルドルフで中産階級の家庭に誕生した。ものごころがついたのはほかならぬナチス統治下の時期であり、ごたぶんに洩れずハーバーマスもヒトラー・ユーゲントの一員として少年時代をすごした。一六歳の誕生日を目前にしてドイツは無条件降伏し、敗戦をむかえる。この出来事をハーバーマスは「解放」とうけとめ、政治の次元での民主主義《デモクラシー》や抑圧から解き放たれ噴出した多種多様な文化の洗礼をうける。この体験がかれの思想の基層をかたちづくることとなる。

冷戦が顕在化し、一九四九年にドイツは東西に分裂して独立を回復する。西側の一員となったドイツ連邦共和国(西ドイツ)は日本と比較してもはるかに強烈な反共国家であり、アデナウアー保守政権のもと、社会のさまざまな面で戦前戦中の名残をとどめていた。その一九四九年にハーバーマスはゲッティンゲン大学に入学し、哲学を主専攻として、歴史学、心理学、文学、経済学を学び、五四年にボン大学でシェリング論によって哲学の博士号を取得する。かれのキャリア全体をつうじて学術的な活動と並行しておこなわれるジャーナリズムへの寄稿をつうじた言論活動も、学生時代にすでに開始されている。

一九五六年、フランクフルト大学附属の社会研究所でアドルノの助手となる。社会研究所は「批判理論」を旗印とするいわゆるフランクフルト学派の牙城であるが、ハーバーマスは政治的な姿勢をめぐって所長のホルクハイマーの不興を買い、マールブルク大学に移って書いた教授資格論文をもとにして六二年に『公共性の構造転換』を発表し、同年ハイデルベルク大学の教授に就任する。問題設定や方法をはじめとしておおきく異なる点も少なくないとはいえ、本書『後期資本主義における正統化の問題』が、近代西欧市民社会における公共圏の成立とその後の変容を分析した『公共性の構造転換』の議論の延長線上にあることは見るにかたくない。

一九六四年には退官したホルクハイマーの後任としてフランクフルト大学の哲学・社会学の講座の教授に就任し、つぎつぎと著作を公刊して哲学者・社会理論家としての名声を高め、「フランクフルト学派第二世代の旗手」と呼ばれるようになる。また六〇年代にハーバーマスは、カール・ポパー、ハンス・アルバートらとの実証主義論争、解釈学をめぐるハンス＝ゲオルク・ガーダマーとの論争、社会システム理論をめぐるニクラス・ルーマンとの論争などで学界の注目を集めた。これらの論争はその後のハーバーマスの思想の展開に決定的な影響をあたえることとなる。

一九六〇年代後半には西ドイツでも学生運動がおおいに盛り上がり、戦後の社会になおも残っていた旧時代の残滓を一掃していくが、学生との間に軋轢が生じたこともあってか、ハーバーマスは大学を離れ、物理学者カール・フリードリヒ・フォン・ヴァイツゼッカーからの招聘にこたえて一九七一年にミュンヘン近郊のシュタルンベルクにあったマックス・プランク研究所の所長に就任する。七〇年代のハーバーマスはこの研究所を根城に、すでにつかみかけていた構想を理論的に定式化し綿密に構築する作業に専心する。その成果は一九八一年に『コミュニケーション的行為の理論』として実を結ぶ。

ハーバーマスの著作は七〇年代にはすでにさまざまな言語で翻訳されはじめており、かれの理論は国際的に注目されるようになっていたが、こんにちハーバーマスの思想と一般に目されているものが高い完成度をもって姿をあらわすのは『コミュニケーション的行為の理論』からであるといってまずまちがいない。実際この著作の発表以後、世界的に見ても第一級の哲学者・社会理論家と評価されるようになったことはあきらかである。一九八三年、ハーバーマスはマックス・プランク研究所を離れてフランクフルト大学へ復帰する(九四年退官)。そうした境遇の如何にかかわらず、その後のハーバーマスは、大著『事実性と妥当』(一九九二年)をはじめとしておびただしい数の著作を公刊しつづけ、デリダやロールズらとのアカデミックな論争だけでなく、歴史家論争やドイツ再統一をめぐる論議をはじめとして無数といってよいほど数多くの論争へ介入する等々、専門分化がとめどなくすすむ時代のなかで、学者・知識人・言論人として驚くべき旺盛な活動を世紀の交替をまたいでもなおくりひろげてきたのである。

本書『後期資本主義における正統化の問題』は一九七三年に出版された。そのことによってこの著作の特性はかなりの程度説明できよう。ひとことでいうなら、八年後に『コミュニケーション的行為の理論』で具体化する構想の最初の体系的なスケッチ——回顧的なまなざしからすればときに簡潔すぎる、ときに粗略すぎるデッサンという印象をあたえる場合もままある——というのがそれだ。とはいえ、行く末だけでなく来し方にも目をやっておくべきだろう。まずハーバーマスの理論の発展の経過という観点からすれば、批判的社会理論の認識論的な基礎をめぐる六〇年代の思索の総決算として『認識と関心』が書かれたのち、ハーバーマスの理論には「コミュニケーション論的転回」もしくは「語用論的転回」と呼ばれる重大な転換が生じている。理性というものを、ヨーロッパ近代哲学の王道がそうであったように、もっぱらモノと向き合う意識のありかたをその基本的な枠組みとしてとらえるだけではなく、ひとと向き合って交わされる言語の使用のされかたをも理性のありかたとしてとらえなおそうというのである。これらを道具的理性と対話的理性と概括することもできよう。つぎに、先にふれた実証主義、解釈学、社会システム理論をめぐる六〇年代の三つの論争は、本書のなかでいずれもありありとまがう方なく刻印を残している。なかでもルーマンの社会システム理論にたいする批判と対決は、本書全体をつらぬく重要なモチーフになっている。さらに、マックス・プランク研究所にポストを移して活動をはじめたハーバーマスとしては、みずからの研究を深化させるばかりでなく、所長という立場でクラウス・オッフェをはじめとする若手研究者たちとの共同研究という新しい研究スタイルをとりながら研究プログラムを策定する必要があったことは容易に想像されるし、それをうかがわせる記述は「まえがき」にかぎらず本書のはしばしで見出すことができる。本書はこの時点でのハーバーマスの研究計画書という趣を呈しているともいえそうである。

本書の主題をなしているのは、なにはともあれ後期資本主義において危機が存在するとすればそれはいかなるものであるのかという問いであろう。本書の背景となっている一九六〇年代後半から七〇年代初頭は、西側先進諸国ではさまざまな深刻な問題が噴出し、社会はおおいに揺らいでいた。けれども、それをもって「後期資本主義の危機」といえると速断するわけにはいかない。長い目で見れば、西ドイツをふくむ西側先進諸国は、第二次大戦後の復興、そして終わりはまぢかに迫っていたとはいえ、高度経済成長の途上になおもあったのであり、ケインズ主義的な経済政策と福祉国家という政策の機軸をなす路線についての政治的な合意に疑問の余地はなかった。二〇世紀前半のあの世界恐慌のような経済的な危機——老婆心ながら「恐慌」と「経済的な危機」はドイツ語では同一の語である——に見舞われることはまずないだろうと考えられていたのである。それでは、相対的に安定しているように思われるこの後期資本主義において、危機はもはや起こらないのだろうか。

そうではない、とハーバーマスはいう。政治と経済の分離が建前である自由主義的資本主義とは異なって、市場に国家が介入する、いいかえると経済システムのトラブルを回避しそのパフォーマンスを向上させるために、政治システム(「政治・行政システム」もしくはたんに「行政システム」と表現される場合もあり、「政治システム」と「行政システム」が別個のものとされて前者が「正統化システム」とされることもある)が積極的にかかわることが期待されているのが後期資本主義である。しかし、経済システムから発せられるさまざまな要請に政治システムがこたえることができなければ、政治システムに危機(合理性の危機)が生じることは容易に予測できる。また、私的利益を追求する企業の良好な活動のために税金を元手とする公的な資金が投入されることにはその実矛盾がひそんでいるわけだが、行政システムは各種の再分配政策や補償をおこなって矛盾が露見し問題化することのないようつとめている。国民の多くはこうした行政のサービスには高い関心をいだく一方で、政治権力を支持しようとして能動的な姿勢をとっているわけではもとよりない。とすれば、もし行政システムの努力が不十分であると国民に受けとめられれば、政治権力への支持が低下するのは避けられない。しかもそれが、公的な財源をもってしては種々の要請や欲求を満たすことがとうてい不可能である、あるいは金銭的物質的な給付や補償では対応しえない種類の要望が増大するような事態となれば、ことは特定の政権の不安定化どころではすまなくなり、政治・行政システムは根底から揺らぎかねない。ここに生じるのが正統化の危機である。さらに、経済システムと政治システムのパフォーマンスに重大な障害が発生すれば、社会文化システムに動機づけの危機が生じる。「努力すれば成功できる」という社会通念が成り立たなくなるような状況では、経済活動への動機づけはまちがいなく低下するであろうし、行政サービスが質的量的に削減されてゆけば正統化への動機づけが縮小するであろうことはいうまでもあるまい。そうした動機づけが不可能になるのは、自分が暮らしている社会にたいするアイデンティティが維持できない、いいかえれば社会で通用している価値や規範が内面化できないからでもある。動機づけの危機はアイデンティティの危機でもあるのだ。

このように、後期資本主義においてかつてのような周期的な恐慌はかなりの程度封じ込められるようになったとはいえ、ハーバーマスの見るところ、危機は経済システムから政治システムへその中心を移し、社会文化システムにもさまざまなかたちで波及している。危機は複合化し、潜在化し、常態化するようになったのである。

こうした現象を分析するにあたって、ハーバーマスは見てのとおりシステム理論を採用している。にもかかわらず、ハーバーマスはシステム理論に全面的に準拠しているのではないし、かといって全否定しているわけでももちろんない。『コミュニケーション的行為の理論』以降のハーバーマスをご存知の読者であればすでにお気づきのように、いまとりあげられた三つのシステムとはのちの「システムと生活世界」にほかならない。生活世界はここではまだ社会文化システムとして全体社会のサブシステムの一つとして扱われているわけである。とはいえ本書の第一章では、社会というものを、システム統合と社会統合という異なる統合の様式をもつシステムと生活という二つの相《アスペクト》でとらえなければならないこと(これは先にふれた道具的理性と対話的理性の問題と相即する)、システムと生活世界の連関の把握こそが枢要なポイントであるという視点がすでに明確にうちだされてもいた。このほかにも、たとえば本書でコミュニケーション的倫理と呼ばれているものが後年の討議倫理の初期のかたちであるというように、ハーバーマスのアプローチに「不整合」や「未成熟」を挙げていけばきりがないだろう。そうした読みかたは便宜上避けられないかもしれないが、本書に蔵されたポテンシャルをくみとろうとするなら、「完成」されたハーバーマスの思想はいったん棚上げにしてとりかかるほうがはるかにおもしろく読めるだろう。

さて、それでは正統化の危機はいかにして克服されうるのか。「正統な支配」の三類型で有名なヴェーバー以後の正統性をめぐる議論は、政治権力にたいする被治者の「同意」や「支持」の側面にもっぱら焦点を合わせてきた。いいかえれば、被治者の「不同意」や「批判」の側面、ひいては支配の「非正統性」の側面——正統な支配と非正統な支配を分かつ基準とはなにか——を問題としてこなかった。正統化の危機をシステムのパフォーマンスの障害の帰結と見るルーマンは、正統性を政策過程の手続き的な合法性と同一視する。しかし、行政の活動や法律が合法的であったとしても法規範の正統性に疑問の余地があることはおおいにありえよう。とすれば、手続きが正統化されることが必要であることはもちろん、規範の内容も問題が露呈すればそのつど吟味されてしかるべきであろう。そこでハーバーマスが提起するのが、日常のやりとりのなかで合意にいたるかどうかが不透明になった場合に、強制力の影響を受けない公開の場で、共通の規範が妥当する(効力をもつべきものである)かどうかを合理的な理由をともなって主張することをつうじて規範を基礎づけるコミュニケーションの形式、すなわち討議である。社会文化システム(生活世界)での規範の批判的な問いなおしと理性的合意にはじまり公共圏での意見や意志の形成をへて政治権力の正統化へいたる民主的な政治過程という見取り図からは、ハーバーマスが複合的な危機の核心を正統化の危機とするゆえんのみならず、討議がほんらいすぐれて政治的な性格をもつものであることが見てとられるのである。

本書刊行後ハーバーマスの理論は修正と精緻化を重ねてゆくが、その流れのなかで「後期資本主義」「危機」「正統化」といったキーワードはおおむね目立たないものになっていく。他方、現実の社会のほうも、ケインズ主義的福祉国家路線の挫折と新自由主義の台頭、ドイツ再統一と冷戦の終焉、情報技術の発展と組織資本主義の脱組織化、グローバリゼーションの進行と格差社会の遍在化などめまぐるしい変化が起きている。この変貌をとげた世界のなかで本書を読んでみると、たとえば経済的な危機が生じる懸念は本書当時よりも現在のほうがはるかに強まっている等の細部のずれはとうぜん生じているものの、議論の構図全体に修正の必要がないのは実際意外なほどである。本書で浮き彫りにされた常態化した複合的危機は、いまやより顕在化したかたちで世界を覆っているといってまちがいない。本書は、小著ながらハーバーマスの思想と理論のアクチュアリティを最もあざやかに示す一冊なのである。

訳者あとがき

本書は Jürgen Habermas, *Legitimationsprobleme im Spätkapitalismus*, Suhrkamp Verlag, 1973 の全訳である。発刊以来こんにちにいたるまで、本書は一度も改訂されることのないまま刊行されている。訳出にあたっては、Thomas McCarthy による英訳 *Legitimation Crisis*, Beacon Press, 1975, および Jean Lacoste による仏訳 *Raison et légitimité: problèmes de légitimation dans le capitalisme avancé*, Petite Bibliothèque Payot, 1978、さらに細谷貞雄訳『晩期資本主義における正統化の諸問題』(岩波現代選書、一九七九年)を適宜参照した。英訳と仏訳は主に内容理解の面で、細谷訳はそれにくわえて日本語の表現にかんして裨益するところがあった。

翻訳の作業は、まず金が最初の訳稿を作成し、つぎに山田がそれに朱を入れ、さらに二人であたかもテニスのラリーのようにやりとりを重ねて互いに修正をくわえるというかたちでなんとか完成稿にこぎつけた。その間気鋭のハーバーマスの研究者である田畑真一氏から貴重な助言を賜ったが、翻訳にかんする責任はむろん訳者二名に帰せられる。

最後に私事にわたるのをおゆるし願いたい。筆者が細谷訳によってたまたま本書を読んだのは学部の二年生のときで、はじめて通読したハーバーマスの本だったはずである。いまにして思えばなにがわかったのかと不思議な気もするが、とにかく最後まで目を通したからには、たとえわからないところだらけであってもおもしろいと思わせるなにかがあったにちがいない。とはいえ齋藤純一氏から翻訳のお話をいただいたときには、周到な目配りのできる共訳者の存在を心強く思う一方で、躊躇する気持ちが強かったこともたしかである。ハーバーマスの思想、かれが綴る文章は、理解を拒絶するかのような難解さとはおよそ無縁のものだが、『コミュニケーション的行為の理論』に向けてさまざまな思考実験をくりかえしていた七〇年代の理論的な論稿はなかなか日本語になってくれないものが多い。その格好の例というべき一冊が本書であり、くわえて研究環境のしからしめるところなのか、議論が快速調のテンポで闊達に展開されていくにあたって著者の念頭に読者への配慮がどこまであったのかというぶかしい思いも禁じえない。

いささか中途半端な思いをかかえたまま岩波書店編集部の小田野耕明氏と訳者二名の最初の打ち合わせを予定していたまさにそのとき、日本におけるハーバーマス研究を牽引していた旧知の木前利秋氏が逝去されたという報に接し、通夜に参列するためこの会合を延期させていただくことになってしまった。この思いがけぬ出来事がいわくいいがたいかたちで筆者の背中を押すこととなり、あらためて本書の翻訳をお引き受けすることにした次第である。

この訳書を読者の手にお届けできるようにお力添えいただいたすべての方々にあらためて感謝もうしあげる。

二〇一七年一二月

山田正行

後期資本主義《こうきしほんしゅぎ》における正統化《せいとうか》の問題《もんだい》
ハーバーマス著

2018年 1 月 16 日　第 1 刷発行
2023年 12 月 25 日　第 3 刷発行

訳　者　山田正行《やまだまさゆき》　金《きむ》　慧《へい》

発行者　坂本政謙

発行所　株式会社 岩波書店
〒101-8002 東京都千代田区一ツ橋 2-5-5

案内 03-5210-4000　営業部 03-5210-4111
文庫編集部 03-5210-4051
https://www.iwanami.co.jp/

印刷・三秀舎　カバー・精興社　製本・松岳社

ISBN 978-4-00-386014-4　Printed in Japan

読書子に寄す

――岩波文庫発刊に際して――

岩波茂雄

真理は万人によって求められることを自ら欲し、芸術は万人によって愛されることを自ら望む。かつては民を愚昧ならしめるために学芸が最も狭き堂宇に閉鎖されたことがあった。今や知識と美とを特権階級の独占より奪い返すことはつねに進取的なる民衆の切実なる要求である。岩波文庫はこの要求に応じそれに励まされて生まれた。それは生命ある不朽の書を少数者の書斎と研究室とより解放して街頭にくまなく立たしめ民衆に伍せしめるであろう。近時大量生産予約出版の流行を見る。その広告宣伝の狂態はしばらくおくも、後代にのこすと誇称する全集がその編集に万全の用意をなしたるか。千古の典籍の翻訳企図に敬虔の態度を欠かざりしか。さらに分売を許さず読者を繋縛して数十冊を強うるがごとき、はたしてその揚言する学芸解放のゆえんなりや。吾人は天下の名士の声に和してこれを推挙するに躊躇するものである。このときにあたって、岩波書店は自己の責務のいよいよ重大なるを思い、従来の方針の徹底を期するため、すでに十数年以前より志して来た計画を慎重審議この際断然実行することにした。吾人は範をかのレクラム文庫にとり、古今東西にわたって文芸・哲学・社会科学・自然科学等種類のいかんを問わず、いやしくも万人の必読すべき真に古典的価値ある書をきわめて簡易なる形式において逐次刊行し、あらゆる人間に須要なる生活向上の資料、生活批判の原理を提供せんと欲する。この文庫は予約出版の方法を排したるがゆえに、読者は自己の欲する時に自己の欲する書物を各個に自由に選択することができる。携帯に便にして価格の低きを最主とするがゆえに、外観を顧みざるも内容に至っては厳選最も力を尽くし、従来の岩波出版物の特色をますます発揮せしめようとする。この計画たるや世間の一時の投機的なるものと異なり、永遠の事業として吾人は微力を傾倒し、あらゆる犠牲を忍んで今後永久に継続発展せしめ、もって文庫の使命を遺憾なく果たさしめることを期する。芸術を愛し知識を求むる士の自ら進んでこの挙に参加し、希望と忠言とを寄せられることは吾人の熱望するところである。その性質上経済的には最も困難多きこの事業にあえて当たらんとする吾人の志を諒として、その達成のため世の読書子とのうるわしき共同を期待する。

昭和二年七月

《哲学・教育・宗教》〔青〕

ソクラテスの弁明・クリトン　プラトン　久保勉訳
ゴルギアス　プラトン　加来彰俊訳
饗宴　プラトン　久保勉訳
テアイテトス　プラトン　田中美知太郎訳
パイドロス　プラトン　藤沢令夫訳
メノン　プラトン　藤沢令夫訳
国家　全二冊　プラトン　藤沢令夫訳
プロタゴラス　—ソフィストたち　プラトン　藤沢令夫訳
パイドン　—魂の不死について　プラトン　岩田靖夫訳
アナバシス　—敵中横断六〇〇〇キロ　クセノポン　松平千秋訳
アリストテレス　ニコマコス倫理学　全二冊　高田三郎訳
アリストテレス　形而上学　全二冊　出隆訳
アリストテレス　弁論術　戸塚七郎訳
アリストテレース詩学　ホラーティウス詩論　松本仁助・岡道男訳
物の本質について　ルクレーティウス　樋口勝彦訳
エピクロス　—教説と手紙　出隆・岩崎允胤訳

生の短さについて　他二篇　セネカ　大西英文訳
怒りについて　他二篇　セネカ　兼利琢也訳
エピクテトス　人生談義　全二冊　國方栄二訳
人さまざま　テオプラストス　森進一訳
マルクス・アウレーリウス　自省録　神谷美恵子訳
老年について　キケロー　中務哲郎訳
弁論家について　全二冊　キケロー　大西英文訳
キケロー書簡集　高橋宏幸編
平和の訴え　エラスムス　箕輪三郎訳
方法序説　デカルト　谷川多佳子訳
哲学原理　デカルト　桂寿一訳
情念論　デカルト　谷川多佳子訳
パンセ　全三冊　パスカル　塩川徹也訳
スピノザ　神学・政治論　全二冊　畠中尚志訳
知性改善論　スピノザ　畠中尚志訳
スピノザ　エチカ　(倫理学)　全二冊　畠中尚志訳
スピノザ　国家論　畠中尚志訳

スピノザ往復書簡集　畠中尚志訳
デカルトの哲学原理　—附　形而上学的思想　スピノザ　畠中尚志訳
スピノザ　神・人間及び人間の幸福に関する短論文　畠中尚志訳
モナドロジー　他二篇　ライプニッツ　谷川多佳子・岡部英男訳
市民の国について　全二冊　ヒューム　小松茂夫訳
自然宗教をめぐる対話　ヒューム　犬塚元訳
エミール　全三冊　ルソー　今野一雄訳
人間不平等起原論　ルソー　本田喜代治・平岡昇訳
ルソー　社会契約論　桑原武夫・前川貞次郎訳
言語起源論　旋律と音楽的模倣について　ルソー　増田真訳
ディドロ　絵画について　佐々木健一訳
道徳形而上学原論　カント　篠田英雄訳
啓蒙とは何か　他四篇　カント　篠田英雄訳
純粋理性批判　全三冊　カント　篠田英雄訳
カント　実践理性批判　波多野精一・宮本和吉・篠田英雄訳
判断力批判　全二冊　カント　篠田英雄訳
永遠平和のために　カント　宇都宮芳明訳

- プロレゴメナ　カント　篠田英雄訳
- 学者の使命・学者の本質　フィヒテ　宮崎洋三訳
- シュライエルマッハー 独白　木場深定訳
- ヘーゲル 政治論文集 全二冊　金子武蔵訳
- 哲学史序論 —哲学と哲学史　ヘーゲル　武市健人訳
- 歴史哲学講義 全二冊　ヘーゲル　長谷川宏訳
- 法の哲学 —自然法と国家学の要綱　ヘーゲル　上妻精・佐藤康邦・山田忠彰訳
- 学問論　シェリング　西川富雄・藤田正勝監訳
- 自殺について 他四篇　ショウペンハウエル　斎藤信治訳
- 読書について 他二篇　ショウペンハウエル　斎藤忍随訳
- 知性について 他四篇　ショーペンハウエル　細谷貞雄訳
- 不安の概念　キェルケゴール　斎藤信治訳
- 死に至る病　キェルケゴール　斎藤信治訳
- 体験と創作 全二冊　ディルタイ　柴田治三郎・小牧健夫訳
- 眠られぬ夜のために 全二冊　ヒルティ　草間平作・大和邦太郎訳
- 幸福論 全三冊　ヒルティ　草間平作・大和邦太郎訳
- 悲劇の誕生　ニーチェ　秋山英夫訳

- ツァラトゥストラはこう言った 全二冊　ニーチェ　氷上英廣訳
- 道徳の系譜　ニーチェ　木場深定訳
- 善悪の彼岸　ニーチェ　木場深定訳
- この人を見よ　ニーチェ　手塚富雄訳
- プラグマティズム　W・ジェイムズ　桝田啓三郎訳
- 宗教的経験の諸相 全二冊　W・ジェイムズ　桝田啓三郎訳
- 日常生活の精神病理　フロイト　高田珠樹訳
- 純粋現象学及現象学的哲学考案 全二冊　フッセル　池上鎌三訳
- デカルト的省察　フッサール　浜渦辰二訳
- 愛の断想・日々の断想　ジンメル　清水幾太郎訳
- ジンメル宗教論集　深澤英隆編訳
- 笑い　ベルクソン　林達夫訳
- 道徳と宗教の二源泉　ベルクソン　平山高次訳
- 時間と自由　ベルクソン　中村文郎訳
- ラッセル教育論　安藤貞雄訳
- ラッセル幸福論　安藤貞雄訳
- 存在と時間 全四冊　ハイデガー　熊野純彦訳

- 学校と社会　デューイ　宮原誠一訳
- 民主主義と教育 全二冊　デューイ　松野安男訳
- 我と汝・対話　マルティン・ブーバー　植田重雄訳
- アラン 幸福論　神谷幹夫訳
- アラン 定義集　神谷幹夫訳
- 天才の心理学　E・クレッチュマー　内村祐之訳
- 英語発達小史　H・ブラッドリ　寺澤芳雄訳
- 日本の弓術　オイゲン・ヘリゲル述　柴田治三郎訳
- ことばのロマンス —英語の語源　ウィークリー　寺澤芳雄・出淵博訳
- ヴィーコ 学問の方法　上村忠男・佐々木力訳
- 国家と神話 全二冊　カッシーラー　熊野純彦訳
- 天才・悪　ブレンターノ　篠田英雄訳
- 人間の頭脳活動の本質 他一篇　ディーツゲン　小松摂郎訳
- プラトン入門　R・S・ブラック　内山勝利訳
- 反啓蒙思想 他二篇　バーリン　松本礼二編
- マキアヴェッリの独創性 他三篇　バーリン　川出良枝編
- ロシア・インテリゲンツィヤの誕生 他五篇　バーリン　桑野隆編

論理哲学論考　ウィトゲンシュタイン　野矢茂樹訳
自由と社会的抑圧　シモーヌ・ヴェイユ　冨原眞弓訳
根をもつこと　全二冊　シモーヌ・ヴェイユ　冨原眞弓訳
重力と恩寵　シモーヌ・ヴェイユ　冨原眞弓訳
全体性と無限　全二冊　レヴィナス　熊野純彦訳
啓蒙の弁証法　―哲学的断想　M・ホルクハイマー　T・W・アドルノ　徳永恂訳
ヘーゲルからニーチェへ　―十九世紀思想における革命的断絶　全二冊　レーヴィット　三島憲一訳
統辞構造論　付『言語理論の論理構造』序論　チョムスキー　福井直樹　辻子美保子訳
統辞理論の諸相　方法論序説　チョムスキー　福井直樹　辻子美保子訳
快楽について　ロレンツォ・ヴァッラ　近藤恒一訳
古代懐疑主義入門　判断保留の十の方式　J・アナス　J・バーンズ　金山弥平訳
ニーチェ　みずからの時代と闘う者　ルドルフ・シュタイナー　高橋巖訳
フランス革命期の公教育論　コンドルセ他　阪上孝編訳
フレーベル自伝　長田新訳
旧約聖書　創世記　関根正雄訳
旧約聖書　出エジプト記　関根正雄訳
旧約聖書　ヨブ記　関根正雄訳

旧約聖書　詩篇　関根正雄訳
新約聖書　福音書　塚本虎二訳
文語訳　新約聖書　詩篇付
文語訳　旧約聖書　全四冊
キリストにならいて　トマス・ア・ケンピス　大沢章　呉茂一訳
聖アウグスティヌス　告白　全二冊　服部英次郎訳
アウグスティヌス　神の国　全五冊　服部英次郎　藤本雄三訳
新訳　キリスト者の自由・聖書への序言　マルティン・ルター　石原謙訳
キリスト教と世界宗教　シュヴァイツェル　鈴木俊郎訳
水と原生林のはざまで　シュヴァイツェル　野村実訳
コーラン　全三冊　井筒俊彦訳
エックハルト説教集　田島照久編訳
ムハンマドのことば　ハディース　小杉泰編訳
新約聖書外典　ナグ・ハマディ文書抄　荒井献　大貫隆　小林稔　筒井賢治　編訳
後期資本主義における正統化の問題　ハーバーマス　山田正行・金慧訳
シンボルの哲学　―理性、祭礼、芸術のシンボル試論　S・K・ランガー　塚本明子訳

ジャック・ラカン　精神分析の四基本概念　全二冊　ジャック＝アラン・ミレール編　小出浩之　新宮一成　鈴木國文　小川豊昭　訳
精神と自然　生きた世界の認識論　グレゴリー・ベイトソン　佐藤良明訳
人間の知的能力に関する試論　全二冊　トマス・リード　戸田剛文訳
開かれた社会とその敵　全四冊　カール・ポパー　小河原誠訳

《法律・政治》〔白〕

人権宣言集　高木八尺・末延三次・宮沢俊義編
新版 世界憲法集 第二版　高橋和之編
君主論　マキァヴェッリ　河島英昭訳
フィレンツェ史 全二冊　マキァヴェッリ　齊藤寛海訳
リヴァイアサン 全四冊　ホッブズ　水田洋訳
法の精神 全三冊　モンテスキュー　野田良之・稲本洋之助・上原行雄・田中治男・三辺博之・横田地弘訳
教育に関する考察　ロック　服部知文訳
完訳 統治二論　ジョン・ロック　加藤節訳
寛容についての手紙　ジョン・ロック　加藤節・李静和訳
キリスト教の合理性　ジョン・ロック　加藤節訳
ルソー 社会契約論　桑原武夫・前川貞次郎訳
アメリカのデモクラシー 全四冊　トクヴィル　松本礼二訳
リンカーン演説集　高木八尺・斎藤光訳
権利のための闘争　イェーリング　村上淳一訳
近代人の自由と古代人の自由・征服の精神と簒奪 他一篇　コンスタン　堤林剣・堤林恵訳
民主主義の本質と価値 他一篇　ハンス・ケルゼン　長尾龍一・植田俊太郎訳
外交談判法　カリエール　坂野正高訳
危機の二十年 ―理想と現実　E・H・カー　原彬久訳
ザ・フェデラリスト　A・ハミルトン J・ジェイ J・マディソン　斎藤眞・中野勝郎訳
アメリカの黒人演説集 ―キング・マルコムX・モリスン他　荒このみ編訳
モーゲンソー 国際政治 ―権力と平和 全三冊　原彬久監訳
ポリアーキー　ロバート・A・ダール　高畠通敏・前田脩訳
現代議会主義の精神史的状況 他一篇　カール・シュミット　樋口陽一訳
政治的なものの概念　カール・シュミット　権左武志訳
第二次世界大戦外交史 全二冊　芦田均
憲法講話　美濃部達吉
日本国憲法　長谷部恭男解説
民主体制の崩壊 ―危機・崩壊・再均衡　ファン・リンス　横田正顕訳
憲法　鵜飼信成

《経済・社会》〔白〕

政治算術　ペティ　大内兵衛・松川七郎訳
国富論 全四冊　アダム・スミス　水田洋監訳　杉山忠平訳
法学講義　アダム・スミス　水田洋訳
コモン・センス 他三篇　トーマス・ペイン　小松春雄訳
経済学における諸定義　マルサス　玉野井芳郎訳
オウエン自叙伝　ロバアト・オウエン　五島茂訳
戦争論 全三冊　クラウゼヴィッツ　篠田英雄訳
自由論　J・S・ミル　塩尻公明・木村健康訳
大学教育について　J・S・ミル　竹内一誠訳
功利主義　J・S・ミル　関口正司訳
イギリス国制論 全二冊　バジョット　遠山隆淑訳
ユダヤ人問題によせて ヘーゲル法哲学批判序説　マルクス　城塚登訳
経済学・哲学草稿　マルクス　城塚登・田中吉六訳
新編輯版 ドイツ・イデオロギー　マルクス エンゲルス　廣松渉編訳　小林昌人補訳
マルクス エンゲルス 共産党宣言　大内兵衛・向坂逸郎訳
賃労働と資本　マルクス　長谷部文雄訳
賃銀・価格および利潤　マルクス　長谷部文雄訳
マルクス 経済学批判　武田隆夫・遠藤湘吉・大内力・加藤俊彦訳
マルクス 資本論 全九冊　エンゲルス編　向坂逸郎訳
トロツキー わが生涯 全二冊　森田成也・志田昇訳

- 空想より科学へ —社会主義の発展— エンゲルス 大内兵衛訳
- 帝国主義論 全二冊 ホブスン 矢内原忠雄訳
- 帝国主義 レーニン 宇高基輔訳
- 国家と革命 レーニン 宇高基輔訳
- ローザ・ルクセンブルク 獄中からの手紙 秋元寿恵夫訳
- 雇用、利子および貨幣の一般理論 全二冊 ケインズ 間宮陽介訳
- シュムペーター 経済発展の理論 全二冊 塩野谷祐一 中山伊知郎 東畑精一訳
- シュムペーター 経済学史 —学説ならびに方法の諸段階— 中山伊知郎 東畑精一訳
- 租税国家の危機 シュムペーター 木村元一 小谷義次訳
- 日本資本主義分析 山田盛太郎
- 恐慌論 宇野弘蔵
- 経済原論 宇野弘蔵
- 資本主義と市民社会 他十四篇 大塚久雄 齋藤英里編
- 共同体の基礎理論 他六篇 大塚久雄 小野塚知二編
- ユートピアだより ウィリアム・モリス 川端康雄訳
- 社会科学と社会政策にかかわる認識の「客観性」 マックス・ヴェーバー 富永祐治 立野保男訳 折原浩補訳
- プロテスタンティズムの倫理と資本主義の精神 マックス・ヴェーバー 大塚久雄訳

- 職業としての学問 マックス・ウェーバー 尾高邦雄訳
- 社会学の根本概念 マックス・ヴェーバー 清水幾太郎訳
- 職業としての政治 マックス・ヴェーバー 脇圭平訳
- 古代ユダヤ教 全三冊 マックス・ヴェーバー 内田芳明訳
- 宗教と資本主義の興隆 —歴史的研究— 全二冊 トーニー 出口勇蔵・越智武臣訳
- 世論 全二冊 リップマン 掛川トミ子訳
- 鯰絵 —民俗的想像力の世界— C・アウエハント 小松和彦・中沢新一・飯島吉晴・古家信平訳
- 贈与論 他二篇 マルセル・モース 森山工訳
- 国民論 他二篇 マルセル・モース 森山工編訳
- ヨーロッパの昔話 その形と本質 マックス・リュティ 小澤俊夫訳
- 独裁と民主政治の社会的起源 —近代世界形成過程における領主と農民— 全二冊 バリントン・ムーア 宮崎隆次 森山茂徳 高橋直樹訳
- 大衆の反逆 オルテガ・イ・ガセット 佐々木孝訳

《自然科学》〔青〕

- ヒポクラテス医学論集 國方栄二編訳
- 科学と仮説 ポアンカレ 河野伊三郎訳
- ロウソクの科学 ファラデー 竹内敬人訳
- 種の起原 全二冊 ダーウィン 八杉龍一訳

- 自然発生説の検討 パストゥール 山口清三郎訳
- 完訳ファーブル昆虫記 全十冊 山田吉彦 林達夫訳
- 科学談義 T・H・ハックスリ 小泉丹訳
- メンデル 雑種植物の研究 岩槻邦男 須原準平訳
- アインシュタイン 相対性理論 内山龍雄訳・解説
- 相対論の意味 アインシュタイン 矢野健太郎訳
- アインシュタイン 一般相対性理論 小玉英雄編訳・解説
- 自然美と其驚異 ジョン・ラバック 板倉勝忠訳
- ダーウィニズム論集 八杉龍一編訳
- ニールス・ボーア論文集1 因果性と相補性 山本義隆編訳
- ニールス・ボーア論文集2 量子力学の誕生 山本義隆編訳
- ハッブル 銀河の世界 戎崎俊一訳
- パロマーの巨人望遠鏡 全二冊 D・O・ウッドベリー 関正雄 湯澤博 成相恭二訳
- 生物から見た世界 ユクスキュル クリサート 日高敏隆 羽田節子訳
- ゲーデル 不完全性定理 林晋 八杉満利子訳
- 日本の酒 坂口謹一郎
- 生命とは何か —物理的にみた生細胞— シュレーディンガー 岡小天 鎮目恭夫訳

- ウィーナー　サイバネティックス　―動物と機械における制御と通信　池原止戈夫・彌永昌吉・室賀三郎・戸田巌 訳
- 熱輻射論講義　マックス・プランク　西尾成子 訳
- コレラの感染様式について　ジョン・スノウ　山本太郎 訳
- 20世紀科学論文集　現代宇宙論の誕生　須藤靖 編
- 高峰譲吉文集　いかにして発明国民となるべきか　鈴木淳 編
- 相対性理論の起原 他四篇　廣重徹　西尾成子 編

岩波文庫の最新刊

フロイト著／高田珠樹・新宮一成・須藤訓任・道籏泰三訳
精神分析入門講義（下）

精神分析の概要を語る代表的著作。下巻には第三部「神経症総論」を収録。分析療法の根底にある実践的思考を通じて、人間精神の新しい姿を伝える。（全二冊）
〔青六四二-三〕 **定価一四三〇円**

イリイチ著／玉野井芳郎・栗原 彬訳
シャドウ・ワーク

家事などの人間にとって本来的な諸活動を無払いの労働〈シャドウ・ワーク〉へと変質させた、産業社会の矛盾を鋭く分析する。現代文明への挑戦と警告。
〔白二三二-一〕 **定価一二一〇円**

ロゲルギスト著／松浦 壮編
精選 物理の散歩道

談論風発。議論好きな七人の物理仲間が発表した科学エッセイから名作を精選。旺盛な探究心、面白がりな好奇心あふれる一六篇を収録する。
〔青九五六-一〕 **定価一二一〇円**

川村晃生・柏木由夫・伊倉史人校注
金葉和歌集

天治元年（一一二四）、白河院の院宣による五番目の勅撰和歌集。撰者は源俊頼。歌集の奏上は再度却下され、三度に及んで嘉納された。平安後期の変革時の歌集。改版。
〔黄三〇-一〕 **定価一四三〇円**

……今月の重版再開……

南波 浩校注
紫式部集
—付 大弐三位集・藤原惟規集—
定価八五八円
〔黄一五-八〕

ベーコン著／桂 寿一訳
ノヴム・オルガヌム（新機関）
定価一〇七八円
〔青六一七-二〕